© 2016 Marina Levitskaja

Umschlaggestaltung, Illustration: Anke Gabriel, Jorgen McLeman.
Lektorat, Korrektorat: Nick Gretzinger, Marion Pretzsch.

Verlag: tredition GmbH, Hamburg
ISBN
Paperback: 978-3-7345-1216-2
Hardcover: 978-3-7345-1217-9
e-Book: 978-3-7345-1218-6
Printed in Germany

Das Werk, einschließlich seiner Teile, ist urheberrechtlich geschützt. Jede Verwertung ist ohne Zustimmung des Verlages und des Autors unzulässig. Dies gilt insbesondere für die elektronische oder sonstige Vervielfältigung, Übersetzung, Verbreitung und öffentliche Zugänglichmachung.

Bibliografische Information der Deutschen Nationalbibliothek:
Die Deutsche Nationalbibliothek verzeichnet diese Publikation in der Deutschen Nationalbibliografie; detaillierte bibliografische Daten sind im Internet über http://dnb.d-nb.de abrufbar.

MARINA LEVITSKAJA

SCHEISS RAUCHEN!

SOFORT FREI

MIT DER

STINKEFINGER-METHODE

Hinweis:

Dieses Buch informiert über eine psychologische Selbsthilfemethode. Die in diesem Buch vorgestellten Methoden wurden von der Autorin sorgfältig recherchiert. Die beschriebenen Übungen haben sich in der Praxis als sicher und effektiv bewährt. Wer die Methode anwendet, tut dies in eigener Verantwortung. Die vorgestellten Methoden ersetzen nicht den Besuch bei einem Arzt oder Heilpraktiker. Autor und Verlag beabsichtigen nicht, Diagnosen zu stellen oder Therapieempfehlungen zu geben und übernehmen für eventuelle Nachteile oder Schäden im Zusammenhang mit der Anwendung der Methode keine Haftung.

Für meinen Sohn Anton Levitskij.

Du bist meine größte Liebe, meine Inspiration und mein weiser und behutsamer Lehrer!

Danksagung:

Danke an alle meine Patienten, die mich mit ihren Heilerfolgen glücklich machen! Durch Sie darf ich immer wieder erleben, welche faszinierenden Wunder möglich sind.

Aus der Essenz ihrer Geschichten ist dieses Buch entstanden.

Herzlichen Dank an Anke Gabriel für ihre Kreativität und ihre selbstlose Hingabe. Ganz großen Dank an Nick Gretzinger und Marion Pretzsch, die geduldig und präzise 1001 Sachen in meinem Buch verbessert haben.

Danke an Tamara Moosbauer, meine erste und beste Lehrerin, die aus mir eine leidenschaftliche Heilpraktikerin gemacht hat. Danke an Gerda Herzog, die mir den Impuls gegeben hat, Naturheilkunde zu studieren. Danke an einen unbekannten Mann, der mir bei einem Heiler-Kongress die Klopftechnik beigebracht hat. Danke an Roger J. Callahan für seine geniale Methode. Danke an Reiner und Regina Franke, die MET in mir verankert haben. Danke an Gabriele Eckert, die mit CQM (Chinesische Quantum Methode) in mich einen Heilungs-Beschleuniger eingepflanzt hat.

Danke an Bert Hellinger, den Vater der Familienaufstellungen und Ordnungen der Liebe. Danke an Chuck Spezzano, der mich gelehrt hat, dass die Dankbarkeit der Schlüssel zum Glücklichsein ist.

Danke an meinen Vater, der mir gezeigt hat, dass alles möglich ist. Danke an meine liebe Mutter, die mir mein Leben geschenkt hat. Danke an meine Schwester für ihre großartige Unterstützung. Danke an meinen Ex-Mann Boris Levitskii für seine grenzenlose Großzügigkeit. Danke an meinen besten Freund Heiko, der mich zum Lachen bringt. Danke an die Mutter Natur, die mir immer wieder sagt: „Hab Vertrauen!"

INHALT:	Seite
MEIN LEBEN IST SCHEISSE!	013
AKTUELLES PROBLEM – DIE SCHEISS TUSSI!	019
STINKEFINGER-METHODE	023
MEINE ERSTE ZIGARETTE	041
HEILHYPNOSE	047
VATER	067
SCHULDGEFÜHLE	076
MUTTER	082
DAS HAUS	096
LIEBE - SINN DES LEBENS	101
DER FREUND MEINER MUTTER	104
DIE FRAU	109
SEX	123
ARBEIT UND GELD	134
KREDITE	137
SEELENSCHMERZ	142

LEICHEN IM KELLER UND DER ERSTE SEX	154
SELBSTANGRIFF	169
RAUCHERZEUG	173
KÜNDIGUNG	183
PROGRAMIERE DICH NEU	188
ENTSCHEIDUNG RAUCHFREI ZU SEIN	190
GEDANKLICH ABKLOPFEN	203

VORWORT:

Rauchst du? Hast du wieder einen Rückfall?

Hat dir bis jetzt nichts geholfen, deine Abhängigkeit, deine Gewohnheit und dein Verlangen nach einer Zigarette ganz loszulassen?

Warum wohl?

Wenn der wunde Punkt nicht getroffen wird, bleibt alles beim Alten.

Gewalt und Erniedrigung kann man nicht mit einer Engelszunge aus dem Gedächtnis schaffen.

Wut, Angst, Trauer, Schmerz und Hass sind nicht höflich!

Man muss sie beim Namen nennen und ihre Sprache sprechen!

Man muss das ganze Leben rein waschen, zumindest die Hauptstationen - deine Beziehung zu Vater, Mutter, Arbeit, Partner, Ex-Freunden, eigenem Körper, Sex.

Da muss man schon mit der Kettensäge und schweren Geschossen den Weg zur Seele frei räumen.

Ich nenne das: **STINKEFINGER-METHODE**.

Das ist eine Mischung aus Schimpfen, Heilhypnose und Klopftechnik, verpackt in die Geschichte eines Rauchers.

Das ist die Unterwelt!

Die Stinkefinger-Methode ist dein U-Boot.

Steig ein und werde rauchfrei!

Wie du das Buch nutzten kannst?

Nimm dir einen ganzen Tag frei.

Du sollst ungestört und allein in deinem Zimmer sein.

Schalte alle Telefone ab.

Lege deine Zigaretten, Aschenbecher mit Kippen und Feuerzeug vor dir.

Lege nebenan alles, was zum Raucher-Ritual gehört, wie Kaffee, Zeitung, Bier u.a.

Besorge dir genug stilles Wasser.

Ließ die Geschichte bis zum Schluss durch und mache alles genau nach den Anweisungen mit. Dieses Buch ist für Männer besser geeignet.

Sei sorgfältig!

Wenn du mit dem Buch fertig bist, sei für immer rauchfrei!

MEIN LEBEN IST SCHEISSE!

Wenn mein Leben nicht so eine verflixte Scheiße wäre, hätte ich nicht geraucht!

Niemals bin ich gut genug! Egal, was ich und wie ich es tue – es reicht einfach nicht.

Jeder läuft mir mit einer verbitterten Fresse entgegen, als ob ich Schuld daran hätte, dass sie ihre Brötchen nicht gebacken kriegen. Alle jammern und klagen und meckern, als ob man nichts anderes zu tun hätte!

Halt endlich die Klappe!!!

Kannst du das deinem Chef sagen? Oder deiner Mutter, deiner Frau, deinem Mann oder sonst noch wem? Einfach so ins Gesicht?

Nein? Ich auch nicht!

Darum nehme ich mir eine Zigarette und rauche diesen Arschlöchern den stinkenden giftigen Nebel in ihre undankbaren Fressen!

Ja! Ich tu das, bis meine Lunge wund wird. Ich huste jeden Morgen diese gelbe widerliche Masse ab und es geht mir richtig scheiße!

Aber!!! Ich habe es euch endlich gezeigt! Ich kann das!!!

Zumindest kann ich das – eine Zigarette anzünden und euch alle mit dem von mir erzeugten blauen Dunst vergiften!

Das ist meine Rache!

Geht's mir danach besser? Und wie!

Und ich soll mit dem Rauchen aufhören?

Solange ich rauche, bin ich in meiner Rauchwolke sicher und von allem abgeschirmt – von allen bösen Blicken, von allen Anforderungen, von allem Scheiß der Welt! Nur ich und meine Zigarette – ich genieße meine Ruhe! Ich habe meine Pause von allem! Ich bin bei mir angekommen.

Aus meiner Wohnung mache ich, mit mindestens drei Schachteln pro Tag, eine echte Gaskammer!

Überall stehen Aschenbecher, voll mit stinkenden Kippen, Bierflaschen und meine Socken auf dem Fussboden.

Eklig? Ja! Das ist meine Höhle – niemand wagt es, da reinzukommen! Hier bin ich sicher!

100 Pro!

Und wenn ich draußen eine rauche, bin ich in diesem Moment wieder in meiner sicheren Höhle, kapisch?

Ich hab's geschafft! Und Ihr alle könnt mich mal! Klar?

Ich bin widerlich, rühr mich nicht an! Bleib fern von mir! Das ist meine Botschaft an euch alle! Und eure jämmerlichen Versuche, das zu ändern, sind einfach lachhaft!

Ich schütze mich. Tag und Nacht. Unter meinem Bett liegt eine Schrotflinte, eine .357 Magnum und einen Waffenschein hab ich auch noch!

Meine Burg ist eine Festung!

Der Nachbar tut das gleiche, anders halt. Seine Einfahrt ist so sauber, dass ich manchmal Angst habe, in diese Richtung zu schauen! Er fegt, wie ein Blöder, zweimal am Tag seine Straße und macht mir damit ein schlechtes Gewissen, wenn ich mit meinen schmutzigen Arbeitsschuhen da vorbeilatsche. Gott sei Dank markiert mein schwarzer Bernasen-Hund regelmäßig, wenn wir Gassi gehen, seinen scheiß weißen Gartenzaun!

Oder diese aufgebrezelte Tussi, mit der Kriegsbemalung - meinst du, sie will, dass du sie küsst? Ne! Sie will ihre Ruhe haben! Sie will uns arme Schurken abschrecken! Schauen kannst du, aber bloß nicht ansprechen! Und in Wirklichkeit hat sie einen noch größeren Schiss als wir. Ihr Herz ist sowas von verschlossen, dass bei jeder Annäherung eine fette Abfuhr garantiert ist!

Es sei denn, du gibst ihr sofort dein Haus, dein Auto, dein Boot, deinen Zimmerservice, dein Geld – und du selbst sollst dich am besten höflichst gleich verpissen, weil sie alles an dir auf Anhieb so furchtbar schrecklich findet und dich gar nicht mehr braucht! Dich ändern wirst du ja sowieso nicht, also wozu die ganze Mühe?

Und du sagst, ich soll nicht mehr rauchen? Meine Zigarette verarscht mich nicht. Wenn ich sie anzünde, dann glüht sie auch!

Neulich hab ich gehört, dass Deutschland auf den Schachteln abschreckende Bilder anbringen will. Sind sie blöde? Das hat sich ganz bestimmt ein Weibstück ausgedacht! Für echte Kerle macht dieses „Abschrecken" das Rauchen nur noch cooler! Man könnte sogar eine Sammlung von diesem Zeug anlegen und damit im hohen Alter prahlen, vorausgesetzt, man überlebt es.

Und wenn nicht – ist auch egal! Ich habe damit allen bewiesen, dass ich kein Hosenscheißer bin!

Ja, es ist mir wichtig, was man über mich sagt und wo ich hingehöre. Na und? Dir etwa nicht? Niemand will abgestoßen sein oder noch schlimmer, du weißt schon… eine Arschkarte ziehen.

Das einzige, was mich dabei nervt, ist die Tatsache, dass ich ohne meine Zigaretten gar nicht mehr kann. Meine Hände zittern, wenn ich keine in der Schachtel mehr habe. Und wenn noch kein Zigarettenautomat in Sicht ist, dann wird es übel! Schweißgebadet fahr ich mit meinem Benz zur nächsten Tankstelle, hol mir welche und die Welt ist wieder in Ordnung.

Ja. Ich bin süchtig, ich weiß. Na und? Wer ist es heute nicht? Mein Vater raucht, meine Mutter raucht.

Mein Bruder hat aufgehört. Einfach so.

Das nervt!

Er bechert noch mehr als ich, aber rauchen – das tut er nicht mehr.

Er ist älter, größer, hat eine Freundin, einen guten Job. Ich sag nicht, dass ich ihn beneide… und doch, irgendwie schon.

Wenn ich mit dem Rauchen aufhören sollte, dann nur, um diesem begnadeten Glückspilz zu beweisen, dass er nicht viel besser ist als ich. Wenn überhaupt.

Ich hab sogar heimlich versucht nicht zu rauchen – und was war? Am zweiten Tag kläglich versagt.

Das frustriert.

Der Gedanke, dass ich wollte und nicht konnte, nervt mich die ganze Zeit! Als ob ich keinen hochgekriegt hätte.

Dazu noch dieser Druck von außen!

Meine Nachbarin ist eine Heilpraktikerin, so eine Schickimicki Zicke mit langen rabenschwarzen Federn und gnadenlos grünen Leopardenaugen. Sie stolziert mit ihrem schwarz-weißen Harlekin Pudel und kaut mir die Ohren wund, dass ich ihr in die Nase stinke, wenn wir mit den Hunden Gassi gehen.

Und stell dir vor…, - dass ich wegen dieser aufgeblasenen scheiß Zicke von heute auf morgen aufgehört habe!

Wie sagt man so schön: Sie hat mir ein Angebot gemacht, das ich nicht ablehnen konnte…

AKTUELLES PROBLEM – DIE SCHEISS TUSSI!

Es war so: In unserem Hundeverein gab´s eine Fotografin mit einem Schäferhund, feines Mädel, lange blonde Rapunzel-Mähne, dezent geschminkt, mit einem Wort – adlig. Sie hat sich eindeutig für mich interessiert. Dachte ich mir. Sie hat mir Avancen gemacht, geflirtet und ich, ein Dummbeutel, war hin und weg.

Das lief über ein halbes Jahr so. Aber irgendwie kam es nicht zur Sache, nur das schwachsinnige Gelaber über ihr elendes Leben mit ihrem nichtsnutzigen Obernull-Freund und seiner blutsaugenden alten Mutter, die sie terrorisierten.

Sie sagte, sie sei nicht bereit, etwas Neues anzufangen, solange sie noch bei ihrem Freund wohnt. Ich hatte dafür Verständnis. Was blieb mir anderes übrig?

Endlich ging ihre Beziehung auseinander und sie zog aus. Ich hab ihr sogar beim Umzug geholfen. Wie blöd muss man sein?!

Ich malte mir unser Leben zu zweit in den schönsten Farben des Wahnsinns aus und wartete sehnsüchtig auf eine Einladung in ihre neue Wohnung. Lache mal! Da konnte ich lange warten.

Schon wieder das Gerede, dass sie wegen der Trennung von ihrem Freund depressiv ist und ich tröstete sie jeden Tag aufs Neue. Am blöden Telefon!!!

So ging`s noch gute paar Monate lang, unendliche Gespräche über sie und ihren Freund, mit dem sie immer noch im Kontakt war. Ich steckte in diesem Sumpf bis zur Kehle fest. Sie gab mir die Hoffnung, dass wir zusammenkommen könnten und ich bin von ihr total abhängig geworden.

Wenn du mich fragst, diese Scheißhoffnung ist das allerschlimmste Übel dieser Welt!

Die Hoffnung macht dich abhängig!!!

Und wenn du abhängig bist, bist du handlungsunfähig. Du sitzt da wie gelähmt, verblödest langsam und wartest auf bessere Zeiten, die nie kommen.

Das macht dich kaputt!

Mich jedenfalls hat diese Scheißhoffnung fast in den Tod getrieben!

Eines Tages schickte ich dieser arroganten Scheißkuh eine SMS und fragte, ob sie mit mir essen gehen will. Und was machte sie? Nichts! Keine Antwort. Funkstille. Was soll das? Für wen hält sie sich?

In meinem Wahnsinn stellte ich mir bildlich vor, dass sie zu ihrem Freund zurückgekehrt ist und es mit ihm treibt.

Die Eifersucht fraß mich bis aufs Knochenmark. Saufen, Rauchen und Heavy Metal brachten mir gar nichts mehr. Nach drei Tagen dieser scheiß Warterei war ich so fertig, dass ich schon sah, wie mir die Radieschen von unten gewunken haben.

Und was tue ich in meinem Wahnsinn? Ich ruf diese aufgeblasene Heilpraktikerin an und frage, ob sie mir hilft. Weißt du, was mir diese Zicke antwortet?

Dass sie auf ihren Masseur wartet!

Ich fahr voll auf den Felgen und sie lässt sich von ihrem Ernesto massieren! Ich sage ihr klipp und klar, dass sie sich unsere gute Nachbarschaft in ihren perfekt massierten Arsch stecken kann!

Und da schwafelt mir diese Prinzessin, dass sie ihre sooo wichtige Massage ausfallen lassen und zu mir kommen würde, nur wenn ich, nach dem sie mich wiederbelebt hat, ihre berühmte Rauch-Frei-Therapie gleich mitmache, weil sie auf der Wiese ihre frische Luft so dringend braucht.

Was blieb mir anderes übrig? Ich stand schon mit einem Fuß hinter der Schwelle. Mir war alles recht.

Ich habe 38 Jahre lang geraucht! Von mir aus, soll sie ihre weißen Zähne gerne ausbeißen! Daraus wird sowieso nichts!

Nach 20 Minuten klingelte es. Ich konnte nicht mal die Tür öffnen, die Mutter tat das. Ich saß zitternd in meiner dreckigen stinkenden Hölle, mit kaltem klebrigen Schweiß am ganzen Körper, nackt, nur mit einem Handtuch um die Hüften bedeckt.

Die Heilpraktikerin kam rein, machte alle Fenster auf, und das im Winter! Hallo!? Geht's noch? Sie sprühte überall ihr berüchtigtes Zauberspray, steckte mir weiße süße Kügelchen in den Mund und gab mir eine süßlich-salzige Pisse zu trinken. Elektrolyten Zeug! Eklig! Aber… es ging mir besser.

Sie hörte meine jämmerliche Geschichte mit so einer tiefgefrorenen Miene an, dass ich sie würgen könnte! Keine Regung, nicht mal einen Funken Mitleid! Scheiß Schneekönigin!

STINKEFINGER-METHODE

Ohne ein Wort zu sagen, legte sie meine Hand zur Faust und ich musste mir wie Tarzan, auf die Brust klopfen. Dadurch sollte angeblich mein Immunsystem aktiviert werden.

Gleichzeitig musste ich dazu die Worte sagen:

„Ich liebe, glaube, vertraue, bin dankbar und mutig!"

Und das fünfmal hintereinander. Ich hab's getan.

Tiefer sinken kann man nicht. Oder?

Und du? Worauf wartest du noch? Auf eine besondere Einladung?

Du willst wissen, wie die Stinkefinger-Methode funktioniert? Ok.

Du hast zwei Gehirnhälften.

Die Rechte steuert deine linke Körperseite und deine Emotionen.

Die Linke steuert deine rechte Körperseite und die Logik.

Ein altes schmerzliches Ereignis, das unterdrückt und nicht verarbeitet wurde, kann man sich wie eine

Kochplatte vorstellen, die in deinem emotionalen Gehirn, dem so genannten Limbischen System, die ganze Zeit brennt.

Das raubt dir deine Energie, das raubt dir deinen Schlaf und bringt die Arbeit beider Gehirnhälften durcheinander. Und wenn diese beiden nicht in der Balance sind, wird dein Verhalten entweder zu emotional, oder zu rational.

Unsere Aufgabe ist – diese Ereignisse zu finden und zu neutralisieren.

Dazu benutzt man eine Klopftechnik, genannt EFT oder MET. Das ist Akupressur bestimmter Akupunkturpunkte gepaart mit NLP.

Die Stinkefinger-Methode verzichtet auf Höflichkeit. Für die Auflösung von Wut und Hass benutzt man hier Schimpfwörter.

Wenn man die Übeltäter beim Namen nennt, ihre Sprache spricht und mehrfach das Gleiche wiederholt, verliert das Gesagte an Bedeutung und verschwindet aus deinem Gedächtnis und somit aus deinem Leben.

Für die Balance zweier Gehirnhälften dienen die bilateralen Augenbewegungen, zwei große Kreise nach links und zwei nach rechts, zusammen mit dem Klopfen des Akupunkturpunktes an der Mulde des Handrückens.

Danach werden die beiden Gehirnhälften durch kurzes Summen und Zählen aktiviert.

Auf diese Weise werden die brennenden „Kochplatten" ausgeschaltet.

Die befreite Energie steht dir voll und ganz zur Verfügung.

Nach jedem Abklopfen sollte man einen Schluck Wasser zu sich nehmen.

Die Spülung reinigt dein System.

Bevor du diesen Vorgang startest, aktivierst du einmalig durch das Klopfen auf die Brust deine Thymus-Drüse, um dein Immunsystem zu stärken.

Alles klar?

Klopfe dir auf die Brust und sage fünfmal:

„Ich liebe, glaube, vertraue, bin dankbar und mutig!"

Wir zwei gegen, du weißt schon wen, Mann!

Mach deine Hand zur Faust und klopfe! Jetzt!!!

Die Heilpraktikerin ließ mich die Stelle über dem Herzen, die sie „Heilender Punkt" nennt, im Uhrzeigersinn streicheln und dreimal den Satz sagen:

- **"Obwohl ich mein scheiß Leben hasse, liebe und achte ich mich so, wie ich bin."**

Das tat ich. Dreimal hab ich diesen Satz gesagt.

Jetzt bist du dran! Mach es!!!

Streichle dein Herz und sag dreimal den Satz:

"Obwohl ich mein scheiß Leben hasse, liebe und achte ich mich so, wie ich bin."

Genauso! Klasse, Mann!!!

Dann klopfte ich mit meinem mittleren Finger, mit dem Stinkefinger auf Deutsch gesagt, die Punkte am Körper, die sie mir zeigte, um angeblich irgendwelche chinesischen Meridiane zu reinigen. Bei jedem Punkt musste ich den Hauptsatz wiederholen:

- „Ich hasse mein scheiß Leben!"

Ich hab für dich diese Punkte auf dem Bild gezeichnet. Du kannst die Körperseite klopfen, die für dich am einfachsten ist.

Klopfe diese Punkte mit deinem mittleren Finger, deinem kräftigen Stinkefinger, und sage deinen Satz!

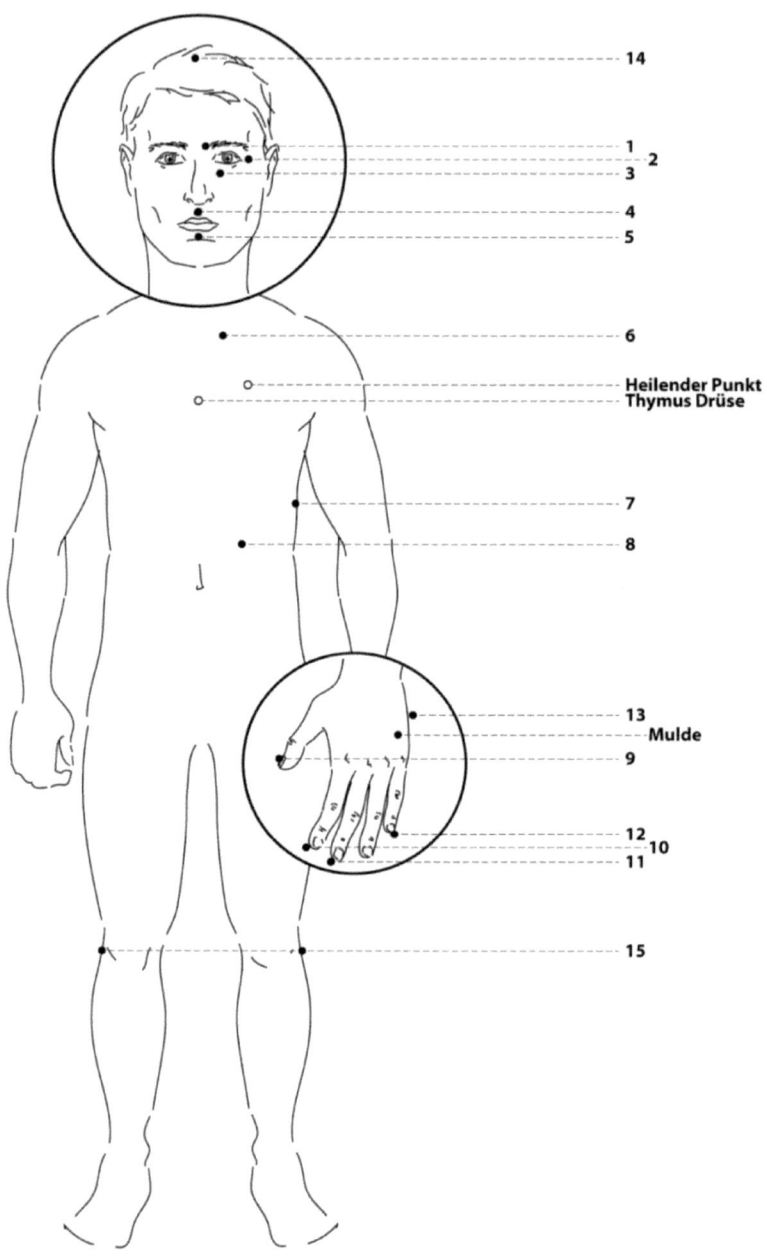

Also, es ging los, ich klopfte die Punkte und sagte bei jedem Punkt den Satz:

- **"Ich hasse mein scheiß Leben!"**

1. über meiner rechten Augenbraue + den Satz sagen.
2. an der Schläfe + …
3. unter dem Auge +…
4. unter der Nase +…
5. unter den Lippen +…
6. unter dem linken Schlüsselbein +…
7. 10 cm unter der linken Achsel +…
8. unter der linken Brustwarze +…
9. am linken Daumen am Nagel +…
10. am linken Zeigefinger Nagel +…
11. am linken Mittelfinger Nagel +…
12. am linken kleinen Finger Nagel +…
13. an der linken Handkante +…
14. an der Kopfmitte +…
15. an beiden Knien +…

Dann musste ich schweigen und eine Mulde zwischen dem kleinen Finger und dem Ringfinger auf dem Rücken meiner linken Hand finden und sie andauernd mit dem Stinkefinger der rechten Hand klopfen.

Finde die Mulde. Klopfe die Stelle und schweige. Mach weiter nach der Einleitung. Ist ganz einfach!

Dabei musste ich geradeaus schauen und dann:

1. Augen zumachen.
2. Augen aufmachen.
3. Nur mit Augen scharf nach unten rechts schauen.
4. Nur mit Augen scharf nach unten links schauen.
5. Zwei große Kreise mit den Augen nach rechts drehen.
6. Zwei große Kreise mit den Augen nach links drehen **und gleichzeitig Mulde klopfen!** (Das war schwer! Ich habe mir eine große Wanduhr vorgestellt und die Augen zwei mal im Uhrzeigersinn und dann andersrum gedreht. Beim fünften Mal habe ich's geschafft!)
7. Ein Liedchen summen. (Ich hab „Hänschen klein…"gesummt)
8. Von 7 bis 0 zurückzählen. (7-6-5-4-3-2-1-0)
9. Wieder ein Liedchen summen.
10. Tief einatmen, tief ausatmen.
11. Schluck Wasser trinken.

Danach musste ich aufstehen, stampfen und schreien.

Bei der letzten Aktion ist mir mein Handtuch von den Hüften runtergefallen und... Das war peinlich!!! Ich stand da, ganz nackt, wie Adonis vor Aphrodite und in meiner besten Form war ich nicht gerade...

Aber... ich konnte mich bewegen, das eklige Gefühl, dass ich gleich sterbe, war weg und ich konnte sogar mein Handtuch selbst aufheben.

Die Heilpraktikerin gab mir einen Schluck Wasser zu trinken und es ging mit dem Wahnsinn weiter.

Ich musste wieder den „Heilenden Punkt" über dem Herzen streicheln und dreimal sagen:

- Obwohl ich ein elender Krüppel bin, liebe und achte ich mich, so wie ich bin.

Dann wieder alle 15 Punkte klopfen und den Satz sagen:

- **Ich bin ein elender Krüppel.**

Dann schweigend die Mulde auf dem Handrücken klopfen und gleichzeitig die 11 Punkte machen mit Augendrehen, summen zählen und summen.

Die Nummer mit dem Stampfen und Schreien haben wir ausgelassen. Sie sagte, dass es nur beim ersten Mal notwendig ist.

Papperlapapp! Ich weiß wieso. Sie hatte Angst, meine scharfe Waffe wiederzusehen!

Als ich mit dem letzten Satz fertig war, bekam ich ein Gefühl, als ob ich innerlich leer wäre. So ähnlich geht es mir, wenn ich gähne.

Die Angst war noch da, aber ich spürte einen klitzekleinen Wink des Lebens!

Super hast du es gemacht!!! Ich bin begeistert von dir! Wie geht es dir jetzt? Was fühlst du? Passen für dich die Sätze? Klopfe sie ab oder formuliere den Satz mit deinem Problem! Klopfe das ab, was du genau jetzt fühlst.

Klopfe ordentlich alle Punkte, das ist wichtig! Wir müssen alle Ecken sauber machen! Und los!

Als nächstes streichelte ich den „Heilenden Punkt" und sagte:

- Obwohl diese scheiß Schlampe ein falscher Fünfziger ist, liebe und achte ich mich so, wie ich bin!

Dann 15 Punkte geklopft und den Satz immer wieder gesagt:

- **Diese scheiß Schlampe!** (Das tat richtig gut!)

Dann schweigend die Mulde auf dem Handrücken geklopft und die 11 Sachen mit Augendrehen, summen, zählen und summen gemacht.

Als ich fertig war, fand ich alles gar nicht mehr so schlimm!

Die Heilpraktikerin fragte, was ich jetzt fühle.

Gute Frage!

Erstens, das Zittern und dieser widerliche klebrige Schweiß waren ganz weg. Mir war's warm, obwohl die Fenster offen standen.

Etwas Schweres lag mir noch am Herzen, aber ich konnte es nicht in Worte fassen. Es war einfach unangenehm.

Ja, das war es - unangenehm!

Sie ließ mich den heilenden Punkt streicheln und dreimal sagen:

-Obwohl es unangenehm ist, liebe und achte ich mich so, wie ich bin.

-Es ist unangenehm.

Dann noch 11 Sachen mit Mulde klopfen, Augendrehen, summen, zählen, summen.

Jetzt Fühlen!

Hä?! Ich hab die Tussi vom Hundeverein ganz vergessen. Wie kann das sein? Das gibt's doch gar nicht! Ich wusste nicht mehr, wer das ist! Krass!!!

Und was viel wichtiger war, ich hatte wieder Kraft! Ich hatte Lust, etwas zu tun! Leider nur mental. Aufstehen konnte ich immer noch nicht.

Die Heilpraktikerin fragte: Warum?

Warum? Ich war traurig. Ich war wieder allein.

Fühle, wie es dir geht. Wenn es für dich stimmig ist, klopfe die gleichen Sätze wie hier ab, oder ändere sie so, dass es für dich passt. Klopfe alle Punkte!

Die Heilpraktikerin ließ mich meinen „Heilenden Punkt" streicheln und dreimal sagen:

- Obwohl ich wieder allein bin, liebe und achte ich mich, so wie ich bin.

Dann klopfen und sagen:

- **Ich bin allein.**

Dann Mulde klopfen, Augen, summen, zählen, summen.

Dann fühlen, wie es jetzt ist?

Jetzt wusste ich ganz genau, was ich brauche! Mein Bier! Sofort!!!

Von wegen!

Die Heilpraktikerin, diese Zicke, hat es nicht zugelassen. Sie sagte, dass ich mit dem Bier meine Gefühle unterdrücken will und deswegen keines kriege. Ich muss meine echten Gefühle jetzt in Worte fassen und abklopfen.

Selterswasser habe ich bekommen.

Blöde Kuh!!!

Was soll's. Dafür kann ich im Stehen pinkeln!

Was fühle ich, wenn ich kein Bier bekomme?

Was wohl???

Ich bin angepisst!

Jetzt geht der Wahnsinn von vorne los!

- Obwohl ich angepisst bin, bla bla bla…

Da hat sie mir so einen Blick zugeworfen, dass ich, wie man sagt, sofort wusste, mit wem ich es zu tun habe! Ja!!!

Eines Tages hat sie mir wegen meiner langjähren Rückenschmerzen 60 Spritzen in die Wirbelsäule gerammt! Und das - trotz meiner höllischen Angst vor Spritzen! Seitdem sind die Schmerzen weg, aber an die Spritzen erinnere ich mich noch!

Also, dreimal:

- Obwohl ich angepisst bin, liebe und achte ich mich, so wie ich bin.

Dann klopfen und sagen:

- Ich bin angepisst.

Dann Mulde klopfen, Augen, summen, zählen, summen.

Fühlen!

Mein Gefühl war, dass mir das Selterswasser auf einmal besser schmeckt, als Bier.

Dafür wollte ich diese Heilpraktikerin in die Pfanne hauen!

Sie fand das gut. Hauptsache – die Wahrheit kommt ans Licht!

Also dann dreimal:

- Obwohl ich diese scheiß Heilpraktikerin mit ihrer scheiß Klopferei hasse, liebe und achte ich mich, so wie ich bin.

Dann klopfen:

- **Ich hasse diese scheiß Heilpraktikerin.**

Dann Mulde klopfen, Augen, summen, zählen, summen.

Fühlen!

Ich habe ein komisches Gefühl, als ob ich mir selbst im Weg stehe.

Also, Heilenden Punkt streicheln:

- Obwohl ich mir selbst im Weg stehe, liebe und achte ich mich, so wie ich bin.

Dann klopfen:

- **Ich stehe mir selbst im Weg.**

Dann Mulde klopfen, Augen, summen, zählen, summen.

Dann Fühlen!

Es kam das Gefühl, dass alles Schrott ist, was ich mache.

Also, Heilender Punkt:

> – Obwohl alles Schrott ist, was ich mache, liebe und achte ich mich, so wie ich bin.

Klopfen:

> – Alles ist Schrott.

Mulde klopfen, Augen, summen, zählen, summen.

Fühlen!

Das Gefühl war: Ich hatte Angst. Keine Ahnung wovor.

Heilender Punkt:

> – Obwohl ich Angst habe, liebe und achte ich mich, so wie ich bin.

Klopfen:

> – Ich habe Angst.

Mulde klopfen, Augen, summen, zählen, summen.

Fühlen!

Mein Gefühl war: Etwas nervt mich! Ich wusste nicht was.

Heilender Punkt:

– Obwohl mich etwas nervt, liebe und achte ich mich, so wie ich bin.

Ich klopfte:

– Etwas nervt mich!

Mulde klopfen, Augen, summen, zählen, summen.

Fühlen!

Mein Gefühl war: Ich habe keine Selbstachtung!

Heilender Punkt:

- Obwohl ich keine Selbstachtung habe, liebe und achte ich mich, so wie ich bin.

Klopfen:

– Ich habe keine Selbstachtung.

Mulde klopfen, Augen, summen, zählen, summen.

Fühlen!

Mein Gefühl ist toll! Ich kann alles! Ein richtig gutes Gefühl! Ich bin wieder da!!!

Ich bin aufgestanden, ins Bad gegangen, habe meine Tarnklamotten vom Boden aufgehoben und mich angezogen. Aus Versehen hab ich in den Spiegel

geguckt... Oh Mann...! Wie schaue ich denn aus?!!
Gehört diese vergammelte, zerknitterte Fresse mir??
Und die Federn erst! Oh Mann! Ich zog mich wieder aus.
Wo ist mein Alpecin, Axe? Schnell duschen! Schnell
Adidas Ise Deo. Ok. Jetzt die Federn - Föhn, Haar-Creme,
übrigens, ist besser als Haar-Gel, verklebt die Haare
nicht. Tarnklamotten. Blick in den Spiegel – passt.

Also, zurück in die Schlacht!

Die Heilpraktikerin schien zufrieden zu sein. Das versprach nichts Gutes! Ich kenne dieses selbstgefällige Grinsen, wenn sie etwas ganz Gemeines vorhat.

Und da kam es – die Rechnung! Wenig war das nicht – ich muss mit dem Rauchen aufhören. Jetzt sofort!

Im Grunde wollte ich das auch, aber jetzt doch nicht!!!

Das Verlangen, gerade jetzt eine zu rauchen, war unwiderstehlich.

Zu meinem Erstaunen ließ die Prinzessin es zu!

Das war ganz was Neues. Allerdings musste ich ihr meine Geschichte erzählen, wie und wann ich meine erste Zigarette geraucht habe.

MEINE ERSTE ZIGARETTE

Wann hab ich denn mit dem Rauchen angefangen? Wie alt war ich? Zwölf? Könnte in etwa hinhauen.

Mein Bruder war zwei Jahre älter als ich und hat schon geraucht. Er trug eine Schachtel Zigaretten auf seiner linken Schulter unter dem weißen T-Shirt.
Das war so cool!

Und ich habe beschlossen, auch cool sein!

Ich habe Zigaretten gekauft, legte die Schachtel unter dem T-Shirt auf meine rechte Schulter - ich bin Linkshänder - und latschte zum Gärtle, wo mein Vater und mein Bruder sich mit anderen zum Bechern und Kartenspielen trafen.

Um cooler zu wirken, nahm ich 7 Zigaretten aus der Schachtel raus und versteckte sie in der Nähe vom Gärtle unter einem Stein.

Ich kam rein, klopfte zur Begrüßung auf den Tisch, setzte mich in die Mitte der Bierbank, legte lässig die Schachtel und das Zippo Feuerzeug meines Vaters vor mich.

Ich fing an, innerlich zu zittern. Was, wenn sie merken, dass ich noch nie geraucht habe? Das wäre mein Ende!

Ich muss cool bleiben!!!

Langsam öffnete ich die Schachtel und zog eine raus.

Es ist mir klar geworden, dass es gescheiter gewesen wäre, wenn ich das erste Mal allein zu Hause geraucht hätte, aber jetzt war es zu spät, ich musste durch!

Locker steckte ich eine Zigarette in den Mund, zündete sie an und atmete ein.

Heißer Rauch ging durch meine Kehle runter und mein einziger Gedanke war: bloß nicht husten!

Und… Ich habe es ausgehalten!!! Ich hab's geschafft!!!

Als ich den Rauch ausgeatmet habe, ist mir schwarz vor Augen geworden.

Übel. Kotzübel. Hundeelend.

Alles hat sich gedreht. Ich dachte, ich sterbe.

Aber… ich ließ mir nichts anmerken!

Ich habe mich nicht getraut, den zweiten Zug zu machen.

Ich konnte gerade noch aufrecht sitzen und war von Kopf bis Fuß mit einem kalten klebrigen Schweiß überdeckt.

Die Zigarette fiel „versehentlich" auf den Boden…

Mit einem lauten demonstrativen „MIST!" habe ich mein Coolsein bestätigt.

Ich bin ein cooler Kerl geworden!

Es gab kein Zurück mehr, ich musste rauchen!

Zu Hause übte ich fleißig und nach 2-3 Tagen war für mich das Rauchen eine lockere Sache.

Meinem Vater und meinem Bruder war das egal, zu Hause war ich für sie immer noch eine Napfsülze. Aber in der Clique fühlte ich mich erwachsen. Ich war jetzt einer von denen.

Die Heilpraktikerin kritzelte die ganze Zeit etwas in ihren Notizblock. Meine Geschichte schien sie gar nicht zu beeindrucken. Als ich fertig war, fragte sie nur: „Bereit zum Abklopfen?"

Schon wieder??? Ne, oder?

Dooooch!!!

Plötzlich bekam ich weiche Knie. Ich stand da, wie vor einem Abgrund. Es war mir schon klar, dass ich einiges in meinem Leben ändern muss.

Ich bin bald 50. Meine Nasennebenhöhlen sind ständig zu, der Husten nervt mich, die Blutwerte sind im Keller, dazu noch dieser scheiß Stress im Job.

Das Haus habe ich zwar abbezahlt, lebe aber immer noch mit meiner Mutter, habe keine Frau mehr, keine Kinder, nichts, was von Bedeutung wäre. Nur mein Hund, mein Bernasen-Mädchen Molly wärmt mein Herz, wenn ich nach Hause komme.

Ohne die Zigaretten werde ich das alles nicht aushalten können. Meine Zigaretten sind meine Familie, meine Stütze. Es geht nicht ohne!!!

Die Heilpraktikerin fragte kaltblütig noch mal:

- „Bereit zum Abklopfen?"

Unerwartet für mich sagte ich: „Ja!" und plötzlich wurde etwas in mir wie abgerissen.

Ein seltsames Gefühl. Ich wollte „Nein" sagen und hab doch „Ja!" gesagt.

Wie kann das sein?

Dieses „Ja!" fühlte sich richtig an, allerdings war meine Furcht so groß, dass ich beinahe in Ohnmacht fiel.

Die Heilpraktikerin erteilte den Befehl:

Den „Heilenden Punkt" streicheln und dreimal den Satz sagen:

- Obwohl ich meine Zigaretten verrate, liebe und achte ich mich so, wie ich bin.

15 Punkte klopfen und sagen:

- **Ich verrate meine Zigaretten.**

Dann Mulde klopfen und noch 11 Sachen mit den Augen, summen, zählen, summen.

Fühlen, was jetzt ist.

Mein Gefühl ist: Ich werde weiterrauchen!

Den Heilenden Punkt streicheln.

- Obwohl ich weiterrauchen werde, liebe und achte ich mich, so wie ich bin.

Klopfen:

- Ich werde weiterrauchen.

Mulde Klopfen und 11 Sachen mit den Augen drehen, summen, zählen, summen.

Fühlen!

Ich habe ein heftiges Verlangen, eine zu rauchen.

- Obwohl ich ein heftiges Verlangen habe, eine zu rauchen, liebe und achte ich mich, so wie ich bin.

Klopfen:

- Mein Verlangen zu rauchen.

Mulde Klopfen und 11 Sachen mit den Augen drehen, summen, zählen, summen.

Fühlen!

In mir drin zittert alles!

Heilender Punkt:

- Obwohl in mir alles zittert, liebe und achte ich mich, so wie ich bin.

Klopfen:

- Alles zittert in mir.

Mulde klopfen und 11 Sachen mit den Augen drehen, summen, zählen, summen.

Fühlen!

Besser.

Schluck Wasser trinken!

HEILHYPNOSE

Die Heilpraktikerin sagte: „Stell dir vor, du bist jetzt 12 und bist im Gärtle, was siehst du?"

Wie im Traum sah ich mich auf einer Bierbank sitzen, um mich rum waren Männer aus unserer Nachbarschaft. Sie schienen mir sehr groß zu sein.

Ich fühlte mich klein und unbedeutend. Ich wollte größer sein. Viel größer. Ich wollte erwachsen sein. Auch wenn es nur ein Selbstbetrug war.

Ich wusste, auch wenn ich rauche, bin ich lange noch kein Erwachsener! Die Zigarette in meinem Mund war nur eine billige Pappkrone eines selbsternannten Karneval Königs.

Sie ist es immer noch!!!

Stell dir deine Geschichte vor, wer und was alles da war, als du deine erste Zigarette geraucht hast. Was siehst du? Was fühlst du? Klopf alles ab, was unangenehm ist. Oder benutze die Sätze aus dieser Geschichte, wenn es für dich auch passt.

Heilender Punkt:

- Obwohl ich eine Pappkrone trage, liebe und achte ich mich, so wie ich bin.

Klopfen:

- **Ich trage eine Pappkrone.**

Mulde klopfen + Augen, summen, zählen, summen.

Fühlen!

Scheiße! Das zugeben zu müssen bringt mich um!

Heilender Punkt:

- Obwohl das Zugeben mich umbringt, liebe und achte ich mich, so wie ich bin.

Klopfen:

- Das Zugeben bringt mich um.

Mulde Klopfen und Augen drehen, summen, zählen, summen.

Fühlen!

Wenn sie mich erwischen, dass ich nur angebe, bin ich tot!

Heilender Punkt:

- Obwohl ich Angst habe, dass sie mich erwischen, liebe und achte ich mich, so wie ich bin.

Klopfen:

- Ich habe Angst, dass sie mich erwischen.

Mulde Klopfen und Augen drehen, summen, zählen, summen.

Fühlen!

Wütend bin ich! Wütend, dass diese Arschlöcher mich als einen Ebenbürtigen nicht anerkennen.

Heilender Punkt:

- Obwohl ich wütend bin, dass sie mich nicht anerkennen, liebe und achte ich mich, so wie ich bin.

Klopfen:

- Ich bin wütend, dass sie mich nicht anerkennen.

Mulde Klopfen und Augen drehen, summen, zählen, summen.

Fühlen!

Ich muss einfach weiterlügen! Anders geht's nicht.

Heilender Punkt:

- Obwohl ich zum Lügen gezwungen bin, liebe und achte ich mich, so wie ich bin.

Klopfen:

- Sie zwingen mich zum Lügen.

Mulde Klopfen und Augen drehen, summen, zählen, summen.

Fühlen!

Ich bekam das Gefühl, dass ich den anderen näher bin, wenn ich die Wahrheit sage.

Aber das wollte ich auf gar keinen Fall! Ich wollte nicht so sein wie sie.

Heilender Punkt:

- Obwohl ich Angst vor der Nähe habe, liebe und achte ich mich, so wie ich bin.

Klopfen:

- Ich habe Angst vor der Nähe.

Mulde Klopfen und Augen drehen, summen, zählen, summen.

Fühlen!

Ich verabscheue diese scheiß Fressen!

Heilender Punkt:

- Obwohl ich diese Fressen verabscheue, liebe und achte ich mich, so wie ich bin

Klopfen:

- Ich verabscheue diese Fressen.

Mulde Klopfen und Augen drehen, summen, zählen, summen.

Fühlen!

Das sind alles Kotzbrocken!

Heilender Punkt:

- Obwohl sie alle Kotzbrocken sind, liebe und achte ich mich, so wie ich bin.

Klopfen:

- Sie sind alle Kotzbrocken.

Mulde Klopfen und Augen drehen, summen, zählen, summen.

Fühlen!

Ich bin wütend, dass ich ihretwegen mein ganzes Geld rausgeschmissen habe!

Heilender Punkt:

- Obwohl ich wütend bin, dass ich so viel Geld rausgeschmissen habe, liebe und achte ich mich, so wie ich bin.

Klopfen:

- Ich bin wütend, dass ich so viel Geld rausgeschmissen habe.

Mulde Klopfen und Augen drehen, summen, zählen, summen.

Fühlen!

Mein Gefühl? Ich bin vergiftet!

Heilender Punkt:

- Obwohl ich vergiftet bin, liebe und achte ich mich, so wie ich bin.

Klopfen:

- Ich bin vergiftet.

Mulde Klopfen und Augen drehen, summen, zählen, summen.

Fühlen!

Ich fühle ein Brennen in der Brust, als ob meine Lunge wund wäre.

Heilender Punkt:

- Obwohl meine Lunge wund ist, liebe und achte ich mich, so wie ich bin.

Klopfen:

- Meine Lunge ist wund.

Mulde Klopfen und Augen drehen, summen, zählen, summen.

Fühlen!

Ich zittere wieder! Was soll die Scheiße?

Die Heilpraktikerin blieb hartnäckig. Sie sagte, dass sich alles besonders schlimm anfühlt, wenn wir nah am Kern des Problems sind. Durchhalten! Keine Diskussion! Klopfen!

Ok. Ok. Alles klar.

Heilender Punkt:

- Obwohl ich zittere, liebe und achte ich mich so wie ich bin.

Klopfen:

- Ich zittere.

Mulde Klopfen und Augen drehen, summen, zählen, summen.

Fühlen!

Kalter klebriger Schweiß fließt überall. Es wird immer schlimmer, Mann!

Durchhalten! Und klopfen!!!

Heilender Punkt:

- Obwohl es mir kalt ist, liebe und achte ich mich, so wie ich bin.

Klopfen:

- Es ist mir kalt.

Mulde klopfen und Augen drehen, summen, zählen, summen.

Fühlen!

Ich speie gleich!

Heilender Punkt:

- Obwohl mir die Kotze hochkommt, liebe und achte ich mich, so wie ich bin.

Klopfen:

- Mir kommt die Kotze hoch.

Mulde klopfen und Augen drehen, summen, zählen, summen.

Fühlen!

Hä?! Mir geht's gut. Jedenfalls physisch. Mir ist warm und die Übelkeit ist auch weg. Aber wütend bin ich! Ich habe wegen diesem scheiß besoffenen Abschaum mein ganzes Leben versaut!

Heilender Punkt:

- Obwohl ich wegen diesem scheiß Abschaum mein Leben versaut habe, liebe und achte ich mich so, wie ich bin.

Klopfen:

- Ich habe wegen diesem Abschaum mein Leben versaut.

Mulde klopfen und Augen drehen, summen, zählen, summen.

Fühlen!

Wütend bin ich! Ich töte sie! Mit bloßen Händen!

Heilender Punkt:

- Obwohl ich sie töte, liebe und achte ich mich, so wie ich bin.

Klopfen:

- Ich töte sie.

Mulde klopfen und Augen drehen, summen, zählen, summen.

Fühlen!

Alle deine Gefühle sind in Ordnung! Lasse sie zu!

Was du jetzt aussprichst, kann dich endlich verlassen und du bist frei davon.

Alles, was dich belastet, sind nur geimpfte fremde Überzeugungen und Glaubenssätze.

Manche sind besonders hartnäckig und tauchen immer wieder auf. Dran bleiben und weiterklopfen, auch die Hartnäckigen gehen weg.

Ich bin bei dir und immer an deiner Seite! Wir zwei schaffen es!

Sprich dir alles aus der Seele und klopfe es ab.

Und los geht's!

Wenn mein Bruder nicht wäre, käme ich nicht zum Gärtle!

Heilender Punkt:

- Obwohl mein Bruder mich auf den falschen Weg gebracht hat, liebe und achte ich mich, so wie ich bin.

Klopfen:

- Mein Bruder hat mich auf den falschen Weg gebracht.

Mulde klopfen und Augen drehen, summen, zählen, summen.

Fühlen!

Ich bin blöd.

Heilender Punkt:

- Obwohl ich blöd bin, liebe und achte ich mich, so wie ich bin.

Klopfen:

- Ich bin blöd.

Mulde klopfen und Augen drehen, summen, zählen, summen.

Fühlen!

So einfach wird es nicht. Ich will Rache!!!

Heilender Punkt:

- Obwohl ich Rache will, liebe und achte ich mich, so wie ich bin.

Klopfen:

- Ich will Rache.

Mulde klopfen und Augen drehen, summen, zählen, summen.

Fühlen!

Es kotzt mich alles an! Wie lange dauert diese Scheiße noch???

Die Heilpraktikerin blieb cool, hat mich aufgefordert drei tiefe Atemzüge zu machen.

Sie sagte, dass es ein neuer Widerstand von meinen inneren Saboteuren ist. Einfach atmen, Wasser trinken und weiterklopfen!

Ok.

Heilender Punkt:

- Obwohl es mich ankotzt, liebe und achte ich mich, so wie ich bin.

Klopfen:

- **Es kotzt mich an.**

Mulde klopfen und Augen drehen, summen, zählen, summen.

Fühlen!

Ich muss durchhalten. Irgendwie.

Heilender Punkt:

- Obwohl ich durchhalten muss, liebe und achte ich mich so, wie ich bin.

Klopfen:

- Ich muss durchhalten.

Mulde klopfen und Augen drehen, summen, zählen, summen.

Fühlen!

Wenn es sich besonders schlimm anfühlt, bist du ganz nah dran, etwas aufzulösen, was dir schadet.

Dieses Etwas in dir wehrt sich. Du kannst ein schlechtes Gefühl bekommen, ein „wichtiger" Telefonanruf kann dich erreichen, jemand kann an der Tür klingeln, etwas im Haushalt kann plötzlich kaputt gehen oder sonst noch was. Das alles versucht, dich von deinem Vorhaben, dich von der Abhängigkeit und Sklaverei zu befreien, abzulenken.

Bleib dran! Ignoriere es. Alles andere ist egal.

Nur du bist jetzt wichtig! Klopfe!

Jetzt kotzen mich alle an!!!

Heilender Punkt:

- Obwohl mich alle ankotzen, liebe und achte ich mich, so wie ich bin.

Klopfen:

- Alle kotzen mich an.

Mulde klopfen und Augen drehen, summen, zählen, summen.

Fühlen!

Ich hasse sie! Alle!!!

Heilender Punkt:

- Obwohl ich alle hasse, liebe und achte ich mich, so wie ich bin.

Klopfen:

- Ich hasse sie.

Mulde klopfen und Augen drehen, summen, zählen, summen.

Fühlen!

Sie sind eklig!

Heilender Punkt:

- Obwohl sie eklig sind, liebe und achte ich mich, so wie ich bin.

Klopfen:

- Sie sind eklig.

Mulde klopfen und Augen drehen, summen, zählen, summen.

Fühlen!

Mann, ich fang gleich an zu weinen. Das kann ich doch nicht bringen!

Heilender Punkt:

- Obwohl ich weinen muss, liebe und achte ich mich, so wie ich bin.

Klopfen:

- **Ich muss weinen.**

Mulde klopfen und Augen drehen, summen, zählen, summen.

Fühlen!

Etwas ist noch da. Ich kann es nicht in Worte fassen.

Die Heilpraktikerin sagte:

- „Mach die Augen zu. Du bist 12 und du bist im Gärtle. Was siehst du?"

Erstmal nichts. Dann wird es warm, als ob ich in der Sonne stehe. Und dann kommt es - ich stehe bei diesen Männern und mir ist übel.

Heilender Punkt:

- Obwohl mir übel ist, liebe und achte ich mich, so wie ich bin.

Klopfen:

- **Mir ist übel.** (Habe mit geschlossenen Augen geklopft. Das kann ich mittlerweile schon!)

Mulde klopfen und - Augen, summen, zählen, summen.

- „Was siehst du jetzt?"

Jetzt gehe ich zum Stein und mach diese versteckten Zigaretten kaputt, ich zerdrücke sie in den Fingern und sehe, wie der Tabak auf den Boden rieselt.

Ich habe dem Gärtle den Rücken gekehrt.

Ich kann aber nicht weggehen, im Gärtle ist mein Vater, ich muss ihn retten.

Heilender Punkt:

- Obwohl ich meinen Vater retten muss, liebe und achte ich mich, so wie ich bin

Klopfen:

- **Ich muss meinen Vater retten.**

Mulde klopfen, Augen, summen, zählen, summen.

Fühlen!

Ich finde meinen Vater nicht mehr!

Heilender Punkt:

- Obwohl ich meinen Vater nicht mehr finde, liebe und achte ich mich, so wie ich bin.

Klopfen:

- Ich finde meinen Vater nicht mehr.

Mulde klopfen, Augen, summen, zählen, summen.

- „Was siehst du jetzt?"

Ich sehe mich vor dem Stein stehen, ich sehe zum Boden und finde eine Silbermünze. Ich hebe sie auf.

Ich bin aufgeregt.

Heilender Punkt:

- Obwohl ich aufgeregt bin, liebe und achte ich mich, so wie ich bin.

Klopfen:

- Ich bin aufgeregt.

Mulde klopfen, Augen, summen, zählen, summen.

Fühlen!

Ich hab Angst, nach Hause zu gehen!

Heilender Punkt:

- Obwohl ich Angst habe, nach Hause zu gehen, liebe und achte ich mich, so wie ich bin.

Klopfen:

- Ich habe Angst nach Hause zu gehen.

Mulde klopfen, Augen, summen, zählen, summen.

Fühlen!

Mein Vater schlägt mich.

Heilender Punkt:

- Obwohl mein Vater mich schlägt, liebe und achte ich mich, so wie ich bin.

Klopfen:

- Mein Vater schlägt mich.

Mulde klopfen und Augen, summen, zählen, summen.

Fühlen!

Jetzt weiß ich, was Sache ist! Es ist die Wut auf meinen Vater!

Die Heilpraktikerin sagte:

- „Augen auf! Drei tiefe Atemzüge! Schluck Wasser. Durch das Zimmer laufen. Platz nehmen."

Dann fragte sie, ob ich eine rauchen will?

Eigentlich schon. Aber meine Hände bleiben auf den Oberschenkeln liegen, als ob sie eingewachsen wären. In meinen Gedanken sehe ich schon, wie mich die Zigarette aus der Schachtel anguckt, aber ich konnte sie nicht mehr nehmen. Ich war wie versteinert.

Dann kam die nächste Frage:

- "Wie ist deine Beziehung zum Vater?"

VATER

Frag nicht!... Ich hasse meinen Vater!!!!! Ich kann ihm nicht verzeihen, was er mir angetan hat.

Dieses besoffene Arschloch hat mich jeden verdammten Tag aufs übelste vermöbelt, besonders, wenn ich mich eingemischt hatte, als er meine Mutter schlug.

Er war und ist ein versoffenes Arschloch! Er hat meine Mutter ihr Leben lang betrogen, schon als sie im Kreissaal mit uns lag. Ich hatte jedes Mal Angst, er bringt meine Mutter um!

Eines Tages hatte er mich beinahe kalt gemacht. Er hat mir die Nase gebrochen und mich so brutal an die Wand geschmissen, dass mein Schädel Blutspuren hinterließ.

Mit seinen Kampfstiefeln trat er mir in den Bauch, so dass meine Eingeweide zerrissen wurden. Diese Todesangst sitzt mir immer noch in den Knochen!

Ich kann das diesem scheiß Arschloch bis heute nicht verzeihen!

Niemand wusste darüber Bescheid, man wäscht keine schmutzige Wäsche in der Öffentlichkeit. Er war ein elender Raufer, hat jeden geschlagen, der ihm in die Quere kam.

Bei der Polizei den eigenen Vater anzuzeigen, gab`s damals nicht, jedenfalls nicht bei uns.

Eines Tages, ich war schon 25, nahm ich meine .357-er „Magnum", habe die scharfe Munition gegen Dammis ausgetauscht, damit er die Geschosse in der Trommel sieht, und ihm an den Schädel gehalten.

Ich habe es nicht ernst gemeint, aber das, was ich in seinen Augen gesehen habe, war die blanke Angst! Er dachte, ich drücke ab. Seitdem habe ich meine Ruhe.

Kurz danach ließen sich meine Eltern endlich scheiden und er zog aus.

Seitdem sind 25 Jahre vergangen und ich kann meinen Vater immer noch nicht sehen. Wenn ich ihn in seiner Stammkneipe treffe, ist eine halbe Stunde alles gut und dann werde ich so aggressiv, dass ich gehen muss.

Er hat Diabetes, ist total vergammelt, trinkt noch mehr als vorher.

Weißt du, wie viel ich da rauche? Zwei Schachteln am Stück, mindestens, bis ich mich einigermaßen gefasst habe.

Dieses scheiß Arschloch macht mich auch heute noch fertig! Ich hasse ihn!!! Da wird sich nichts ändern! Und du, mit deiner Scheiß Klopferei kannst mir den Buckel runterrutschen! Das blöde Zeug nutzt sowieso nichts!

Und überhaupt, es geht dich einen feuchten Kehricht an, ob ich rauche oder nicht! Das ist allein meine Sache! Meine und nicht deine!!! Verpiss dich aus meinem Haus du scheiß Zicke!

Die Heilpraktikerin stand auf. Ich auch. Sie kam ganz nah an mich ran, schaute mir in die Augen, legte ihre eiserne Hand auf meine Schulter und sagte:

- „Du klopfst an der Tür deines Hauptfeindes! Das ist ein Widerstand, du kennst es bereits. Bring es zu Ende!"

Sie goss Wasser in mein Glas und setzte sich wieder auf ihren Stuhl.

Oh, Mann. Ich war wütend, aber sie rauszuschmeißen - das konnte ich nicht.

Ich wusste überhaupt nicht, was ich will! Ich wollte alles kaputtschlagen, aber fand im Zimmer nichts Passendes. Meine Augen waren mit Blut gefüllt und ich starrte wie ein Blöder meinen Schreibtisch an. Ich wollte alles runter schmeißen - PC, Kopfhörer, Aschenbecher. Hab's nicht getan.

Ich atmete tief ein, nahm mein Glas Wasser, hab die Hälfte ausgetrunken, setzte mich auf meinen Stuhl und guckte stur die Wand an.

Die Heilpraktikerin atmete tief ein und fragte:

- „Bereit?"

……Hm!

- „Bereit?"

Ja… ok.

- „Dann klopfe erstmal:

- Obwohl das blöde Zeug nichts nutzt, liebe und achte ich mich, so wie ich bin."

Klopfen:

- **Das blöde Zeug nutzt nichts.**

Mulde klopfen, Augen, summen, zählen, summen.

Fühlen!

Ich habe Angst, alles zu verlieren!

- Obwohl ich Angst habe, alles zu verlieren, liebe und achte ich mich, so wie ich bin.

Klopfen:

- Ich habe Angst, alles zu verlieren.

Mulde klopfen, Augen, summen, zählen, summen.

Fühlen!

Fühlen? Mein Herz blutet vor Kummer.

- Obwohl mein Herz blutet, liebe und achte ich mich, so wie ich bin.

Klopfen:

- Mein Herz blutet.

Mulde klopfen, Augen, summen, zählen, summen.

Fühlen!

Ich verrecke.

- Obwohl ich verrenke, liebe und achte ich mich, so wie ich bin.

Klopfen:

- Ich verrecke.

Mulde klopfen, Augen, summen, zählen, summen.

Fühlen!

Mein Schädel ist ein blutiger Brei.

- Obwohl mein Schädel ein blutiger Brei ist, liebe und achte ich mich, so wie ich bin.

Klopfen:

- Mein Schädel ist ein blutiger Brei.

Mulde klopfen, Augen, summen, zählen, summen.

Fühlen!

Meine Knochen sind gebrochen.

Heilender Punkt:

- Obwohl meine Knochen gebrochen sind, liebe und achte ich mich, so wie ich bin.

Klopfen:

- Meine Knochen sind gebrochen.

Mulde klopfen, Augen, summen, zählen, summen.

Fühlen!

Mein Körper ist Hackfleisch.

Heilender Punkt:

- Obwohl mein Körper Hackfleisch ist, liebe und achte ich mich, so wie ich bin.

Klopfen:

- Mein Körper ist Hackfleisch.

Mulde klopfen, Augen, summen, zählen, summen.

Fühlen!

Er hat mir mit seinen Kampfstiefeln in den Bauch getreten.

Heilender Punkt:

- Obwohl seine Kampfstiefel meine Eingeweide zerrissen haben, liebe und achte ich mich, so wie ich bin.

Klopfen:

- Seine Kampfstiefel haben meine Eingeweide zerrissen.

Mulde klopfen, Augen, summen, zählen, summen.

Fühlen!

Ich muss alles einstecken!

Heilender Punkt:

- Obwohl ich alles einstecken muss, liebe und achte ich mich, so wie ich bin.

Klopfen:

- Ich muss alles einstecken.

Mulde klopfen, Augen, summen, zählen, summen.

Fühlen!

Ich fühle an meinem ganzen Leib Schmerzen!

Heilender Punkt:

- Obwohl mein Leib verletzt ist, liebe und achte ich mich, so wie ich bin.

Klopfen:

- Mein Leib ist verletzt.

Mulde klopfen, Augen, summen, zählen, summen.

Fühlen!

Mann! Ich hab einen Weinkrampf!

Heilender Punkt:

- Obwohl ich einen Weinkampf habe, liebe und achte ich mich, so wie ich bin.

Klopfen:

- Ich habe einen Weinkrampf.

Mulde klopfen, Augen, summen, zählen, summen.

Fühlen!

Ich muss dieses Arschloch töten!

Heilender Punkt:

- Obwohl ich dieses Arschloch töten muss, liebe und achte ich mich, so wie ich bin.

Klopfen:

- Ich muss ihn töten.

Mulde klopfen, Augen, summen, zählen, summen.

Fühlen!

SCHULDGEFÜHLE

Wenn du dich schuldig fühlst, ziehst du die Strafe in Form von Schmerzen, Unfällen oder Verlusten, wie ein Magnet, an.

Wozu macht man das? Wenn man leidet, spürt man die Gewissensbisse weniger.

In Wirklichkeit hast du das „Böse" getan, weil du von einem anderen provoziert wurdest.

Der Andere fühlte sich schuldig und hat eine Strafe gebraucht.

Diese Strafe hast du ihm gegeben, indem du ihm Schaden zugefügt hast.

Dadurch hast du sein Problem auf dich genommen. Wie eine Marionette hast du das getan, was er wollte.

Im wahrsten Sinne hast du dich von seinem Mist, wie von einer Grippe, anstecken lassen.

Du bist unschuldig! Stelle deine Unschuld und deine Reinheit wieder her! Befreie dich! Das sind fremde Schuldgefühle! Klopfe sie alle ab!

Ich wollte meinen Vater umbringen. Ich bin ein Mörder.

Heilender Punkt:

- Obwohl ich ein Mörder bin, liebe und achte ich mich, so wie ich bin.

Klopfen:

- Ich bin ein Mörder.

Mulde klopfen, Augen, summen, zählen, summen.

Fühlen!

Ich schäme mich, dass ich es meinem Vater angetan habe.

Heilender Punkt:

- Obwohl ich mich schäme, dass ich es getan habe, liebe und achte ich mich, so wie ich bin.

Klopfen:

- Ich schäme mich.

Mulde klopfen, Augen, summen, zählen, summen.

Fühlen!

Ich habe Angst, dass mein Vater stirbt.

Heilender Punkt:

- Obwohl ich Angst habe, dass mein Vater stirbt, liebe und achte ich mich, so wie ich bin.

Klopfen:

- Ich habe Angst, dass mein Vater stirbt.

Mulde klopfen, Augen, summen, zählen, summen.

Fühlen!

Ich vermisse meinen Vater.

Heilender Punkt:

- Obwohl ich meinen Vater vermisse, liebe und achte ich mich, so wie ich bin.

Klopfen:

- Ich vermisse meinen Vater.

Mulde klopfen, Augen, summen, zählen, summen.

Fühlen!

Ich fühle mich schuldig.

Heilender Punkt:

- Obwohl ich mich schuldig fühle, dass ich meinen Vater vergammeln lasse, liebe und achte ich mich, so wie ich bin.

Klopfen:

- Ich fühle mich schuldig, dass ich meinen Vater vergammeln lasse.

Mulde klopfen, Augen, summen, zählen, summen.

Fühlen!

Ich bin traurig, dass ich keinen Kontakt zu meinem Vater habe.

Heilender Punkt:

- Obwohl ich traurig bin, dass ich keinen Kontakt zum Vater habe, liebe und achte ich mich, so wie ich bin.

Klopfen:

- Ich bin traurig, dass ich keinen Kontakt zu ihm habe.

Mulde klopfen, Augen, summen, zählen, summen.

Fühlen!

Mein Vater tut mir leid.

Heilender Punkt:

- Obwohl mein Vater mir Leid tut, liebe und achte ich mich, so wie ich bin.

Klopfen:

- Mein Vater tut mir leid.

Mulde klopfen, Augen, summen, zählen, summen.

Fühlen!

Seine Brutalität macht mir immer noch Angst.

Heilender Punkt:

- Obwohl seine Brutalität mir Angst macht, liebe und achte ich mich, so wie ich bin.

Klopfen:

- Seine Brutalität macht mir Angst.

Mulde klopfen, Augen, summen, zählen, summen.

Fühlen!

Ich brauche Wasser! Alles ok. Alles sauber!

Die Heilpraktikerin fragte:

- " Willst du eine rauchen?"

Ja… Die Zigarettenschachtel liegt vor mir auf dem Tisch. Innerlich will ich eine rauchen, aber ich kann weder aufstehen noch die Zigarette aus der Schachtel in die Hand nehmen.

Seltsam!

Die Heilpraktikerin ließ mich ein halbes Glas Wasser trinken und schoss gnadenlos mit ihrer nächsten Frage:

- „Wie ist deine Beziehung zur Mutter?"

MUTTER

Wie wohl? Ich wohne mit ihr zusammen. Mein Leben lang! Reicht das nicht?

Wie ist meine Mutter? Stur. Rechthaberisch. Bösartig.

Ich kann manchmal meinen Vater verstehen, warum er sie geschlagen hat.

Hast du meine Burg gesehen? Verwahrlost. Die Kabel hängen von der Decke runter, braune Wände, alles dunkel und schmutzig.

Als ich die Rigipsplatten anbringen wollte, hat sie so einen Aufstand gemacht, dass ich das Thema Renovierung nie wieder ansprechen werde.

Ich schäme mich für mein Haus, kann niemanden einladen. Wenn der Kaminkehrer zu uns kommt, ist es mir zum Kotzen peinlich, dass er das alles sieht.

Du hast auch deine feine Nase gerupft, als du hierher gekommen bist, ich hab's gesehen!

Was soll ich bloß machen? Sie sorgt für mich, macht die Wäsche, kocht, ihr Weihnachtsstollen ist der Beste auf der Welt!

Sie ist 70, wurde oft operiert, hat die ganze Zeit Schmerzen und jammert.

Früher hat sie sehr viel und schwer gearbeitet, den Haushalt gemacht.

Für uns Kinder hatte sie gar keine Zeit mehr.

Das einzige, woran ich mich erinnere: Als ich ein kleiner Junge war, ging sie mit mir jeden Freitag zu Fuß zu einer Holzhütte in der Nähe der Bushaltestelle und kaufte mir ein kleines Spielzeugauto.

Und jedes Mal, wenn sie gebügelt hatte, habe ich das Bügeleisen angelangt und mich verbrannt, weiß nicht warum. Vielleicht, weil sie mich deswegen getröstet hat.

Das ist alles. Mehr kann ich über meine Mutter nicht sagen.

- „Ok. Fangen wir an!"

Heilender Punkt:

- Obwohl ich bei der Mutter wohne und mich abhängig mache, liebe und achte ich mich, so wie ich bin.

Klopfen:

- **Ich mach mich abhängig.**

Mulde klopfen, Augen, summen, zählen, summen.

Fühlen!

Ich kann die Verantwortung für das Haus, Essen und für den scheiß Kram nicht übernehmen.

Heilender Punkt:

- Obwohl ich Angst habe, die Verantwortung zu übernehmen, liebe und achte ich mich, so wie ich bin.

Klopfen:

- Ich habe Angst, die Verantwortung zu übernehmen.

Mulde klopfen, Augen, summen, zählen, summen.

Fühlen!

Ich habe Angst, einen Fehler zu machen.

Heilender Punkt:

- Obwohl ich Angst habe, einen Fehler zu machen, liebe und achte ich mich, so wie ich bin.

Klopfen:

- Ich habe Angst, einen Fehler zu machen.

Mulde klopfen, Augen, summen, zählen, summen.

Fühlen!

Ich fühle mich ausgeliefert.

Heilender Punkt:

- Obwohl ich ihr ausgeliefert bin, liebe und achte ich mich, so wie ich bin.

Klopfen:

- Ich bin ihr ausgeliefert.

Mulde klopfen, Augen, summen, zählen, summen.

Fühlen!

Sie erstickt mich.

Heilender Punkt:

- Obwohl sie mich erstickt, liebe und achte ich mich, so wie ich bin.

Klopfen:

- Sie erstickt mich.

Mulde klopfen, Augen, summen, zählen, summen.

Fühlen!

Ich habe ein schlechtes Gewissen, weil ich über meine Mutter schlecht geredet habe.

Heilender Punkt:

- Obwohl ich ein schlechtes Gewissen habe, weil ich über meine Mutter schlecht geredet habe, liebe und achte ich mich, so wie ich bin.

Klopfen:

- Ich habe ein schlechtes Gewissen.

Mulde klopfen, Augen, summen, zählen, summen.

Fühlen!

Ich habe Angst, dass meine Mutter stirbt.

Heilender Punkt:

- Obwohl ich Angst habe, dass meine Mutter stirbt, liebe und achte ich mich, so wie ich bin.

Klopfen:

- Ich habe Angst, dass sie stirbt.

Mulde klopfen, Augen, summen, zählen, summen.

Fühlen!

Mein Haus ist hässlich!

Heilender Punkt:

- Obwohl mein Haus hässlich ist, liebe und achte ich mich, so wie ich bin.

Klopfen:

- Mein Haus ist hässlich.

Mulde klopfen, Augen, summen, zählen, summen.

Fühlen!

Es ist mir peinlich, wenn jemand sieht, wie ich wohne.

Heilender Punkt:

- Obwohl es mir peinlich ist, wenn jemand sieht, wie ich wohne, liebe und achte ich mich so, wie ich bin.

Klopfen:

- Es ist mir peinlich, wenn jemand sieht, wie ich wohne.

Mulde klopfen, Augen, summen, zählen, summen.

Fühlen!

Ich bin in diesem Elend eingesperrt.

Heilender Punkt:

- Obwohl ich in diesem Elend eingesperrt bin, liebe und achte ich mich so, wie ich bin.

Klopfen:

- Ich bin im Elend eingesperrt.

Mulde klopfen, Augen, summen, zählen, summen.

Fühlen!

Ich kann nicht alleine leben. Ich schaffe es einfach nicht.

Heilender Punkt:

- Obwohl ich es alleine nicht schaffe, liebe und achte ich mich, so wie ich bin.

Klopfen:

- Ich schaffe es nicht alleine.

Mulde klopfen, Augen, summen, zählen, summen.

Fühlen!

Ich lebe mein Leben lang mit meiner Mutter. Ich hatte noch nie mein eigenes Leben. Ich habe mein Leben für sie geopfert.

Heilender Punkt:

- Obwohl ich mein Leben für sie geopfert habe, liebe und achte ich mich, so wie ich bin.

Klopfen:

- Ich habe mein Leben für sie geopfert.

Mulde klopfen, Augen, summen, zählen, summen.

Fühlen!

Ich bin wütend, dass ich mein Leben nicht gelebt habe.

Heilender Punkt:

- Obwohl ich wütend bin, dass ich mein Leben nicht gelebt habe, liebe und achte ich mich, so wie ich bin.

Klopfen:

- Ich habe mein Leben nicht gelebt.

Mulde klopfen, Augen, summen, zählen, summen.

Fühlen!

Ich fühle mich wie der letzte Dreck.

Heilender Punkt:

- Obwohl ich der letzte Dreck bin, liebe und achte ich mich, so wie ich bin.

Klopfen:

- Ich bin der letzte Dreck.

Mulde klopfen, Augen, summen, zählen, summen.

Fühlen!

Meine Mutter nervt mich!

Heilender Punkt:

- Obwohl meine Mutter mich nervt, liebe und achte ich mich, so wie ich bin.

Klopfen:

- Sie nervt mich!

Mulde klopfen, Augen, summen, zählen, summen.

Fühlen!

Ich bin nicht bereit, selbstständig zu sein.

- Obwohl ich nicht bereit bin, selbstständig zu sein, liebe und achte ich mich, so wie ich bin.

Klopfen:

- Ich bin nicht bereit, selbständig zu sein.

Mulde klopfen, Augen, summen, zählen, summen.

Fühlen!

Ich kann gar nicht ohne sie.

Heilender Punkt:

- Obwohl ich ohne sie nicht kann, liebe und achte ich mich, so wie ich bin.

Klopfen:

- Ich kann nicht ohne sie.

Mulde klopfen, Augen, summen, zählen, summen.

Fühlen!

Ich habe Todesangst!

Heilender Punkt:

- Obwohl ich Todesangst habe, liebe und achte ich mich, so wie ich bin.

Klopfen:

- Ich habe Todesangst.

Mulde klopfen, Augen, summen, zählen, summen.

Fühlen!

Ist mir alles egal. Ich hab resigniert.

Heilender Punkt:

- Obwohl ich resigniert habe, liebe und achte ich mich, so wie ich bin.

Klopfen:

- Ich habe resigniert.

Mulde klopfen, Augen, summen, zählen, summen.

Fühlen!

Ich bin krank!

Heilender Punkt:

- Obwohl ich krank bin, liebe und achte ich mich, so wie ich bin.

Klopfen:

- Ich bin krank.

Mulde klopfen, Augen, summen, zählen, summen.

Fühlen!

Sie erdrückt mich.

Heilender Punkt:

- Obwohl sie mich erdrückt, liebe und achte ich mich, so wie ich bin.

Klopfen:

- Sie erdrückt mich.

Mulde klopfen, Augen, summen, zählen, summen.

Fühlen!

In meinem Zimmer oben fühle ich mich wohl! Ich kann nicht zu ihr nach unten gehen.

Heilender Punkt:

- Obwohl ich Angst habe nach unten zu gehen, liebe und achte ich mich, so wie ich bin.

Klopfen:

- Ich habe Angst nach unten zu gehen.

Mulde klopfen, Augen, summen, zählen, summen.

Fühlen!

Ich darf nicht nach unten gehen!

Heilender Punkt:

- Obwohl ich nicht nach unten gehen darf, liebe und achte ich mich, so wie ich bin.

Klopfen:

- Ich darf nicht nach unten gehen.

Mulde klopfen, Augen, summen, zählen, summen.

Fühlen!

Alles gut. Die Mutter? Ich liebe sie.

Klopfe alles Unangenehme ab, was dir über deine Mutter und deinen Vater in den Sinn kommt!

Das ist das Allerwichtigste!!!

Du bist 23 Chromosomen Vater und 23 Chromosomen Mutter. Das sind deine Bestandteile!

Wenn du etwas an deinen Eltern ablehnst oder verurteilst, lehnst du dich selbst ab!

So entsteht die Sehnsucht nach Liebe. Die Folge davon ist die Sucht – man versucht dieses Loch mit Rauchen, Trinken, Drogen, Essstörungen oder Arbeitssucht zu füllen.

Integriere deine Eltern!

Mach dich ganz!

Erinnere dich an alles Negative, was deine Eltern betrifft, formuliere die Sätze und klopfe ab!

- „Was fühlst du, wenn du Zuhause bist?"

DAS HAUS

Das Haus? Erstmal muss man das putzen. Bäh, Putzen ist eklig!

Heilender Punkt:

- Obwohl Putzen eklig ist, liebe und achte ich mich, so wie ich bin.

Klopfen:

- Putzen ist eklig.

Mulde klopfen, Augen, summen, zählen, summen.

Fühlen!

Putzen ist schwer.

Heilender Punkt:

- Obwohl Putzen schwer ist, liebe und achte ich mich, so wie ich bin.

Klopfen:

- Putzen ist schwer.

Mulde klopfen, Augen, summen, zählen, summen.

Fühlen!

Hä! Geht's noch? Ich habe keine Zeit zum Putzen!

Heilender Punkt:

- Obwohl ich keine Zeit habe, liebe und achte ich mich so, wie ich bin.

Klopfen:

- Ich habe keine Zeit.

Mulde klopfen, Augen, summen, zählen, summen.

Fühlen!

Ich habe Angst anzufangen.

Heilender Punkt:

- Obwohl ich Angst habe anzufangen, liebe und achte ich mich, so wie ich bin.

Klopfen:

- Ich habe Angst anzufangen.

Mulde klopfen, Augen, summen, zählen, summen.

Fühlen!

Ich darf hier im Haus nichts verändern!

Heilender Punkt:

- Obwohl ich hier nichts verändern darf, liebe und achte ich mich, so wie ich bin.

Klopfen:

- Ich darf hier nichts verändern.

Mulde klopfen, Augen, summen, zählen, summen.

Fühlen!

Das ist nicht mein Haus. Nicht wirklich.

Heilender Punkt:

- Obwohl es nicht mein Haus ist, liebe und achte ich mich, so wie ich bin.

Klopfen:

- Es ist nicht mein Haus.

Mulde klopfen, Augen, summen, zählen, summen.

Fühlen!

Mann! Ich vermisse auf einmal meinen Hund!

- Obwohl ich meinen Hund vermisse, liebe und achte ich mich, so wie ich bin.

Klopfen:

- Ich vermisse meinen Hund.

Mulde klopfen, Augen, summen, zählen, summen.

- Fühlen!

Ich bin unruhig.

Heilender Punkt:

- Obwohl ich unruhig bin, liebe und achte ich mich, so wie ich bin.

Klopfen:

- Ich bin unruhig.

Mulde klopfen, Augen, summen, zählen, summen.

Fühlen!

Ich sterbe.

Heilender Punkt:

- Obwohl ich sterbe, liebe und achte ich mich, so wie ich bin.

Klopfen:

- Ich sterbe.

Mulde klopfen, Augen, summen, zählen, summen.

Fühlen!

Mir geht's wieder gut. Aber ich schäme mich, dass ich so einen dreckigen Hauseingang habe.

Heilender Punkt:

- Obwohl ich mich schäme, dass ich so einen dreckigen Hauseingang habe, liebe und achte ich mich, so wie ich bin.

Klopfen:

- Ich schäme mich, dass ich so einen dreckigen Hauseingang habe.

Mulde klopfen, Augen, summen, zählen, summen.

Fühlen!

LIEBE - SINN DES LEBENS

Wozu die ganze Scheiße? Mein Leben hat sowieso keinen Sinn.

Heilender Punkt:

- Obwohl mein Leben keinen Sinn hat, liebe und achte ich mich, so wie ich bin.

Klopfen:

- Mein Leben hat keinen Sinn.

Mulde klopfen, Augen, summen, zählen, summen.

Fühlen!

Ich kann nicht lieben. Die Liebe fehlt mir.

Heilender Punkt:

- Obwohl mir die Liebe fehlt, liebe und achte ich mich, so wie ich bin.

Klopfen:

- Mir fehlt die Liebe.

Mulde klopfen, Augen, summen, zählen, summen.

Fühlen!

Besser, aber etwas gibt es noch. Ich bin irgendwie abgetrennt.

Heilender Punkt:

- Obwohl ich abgetrennt bin, liebe und achte ich mich, so wie ich bin.

Klopfen:

- Ich bin abgetrennt.

Mulde klopfen, Augen, summen, zählen, summen.

Fühlen!

Ich habe Angst zu lieben.

Heilender Punkt:

- Obwohl ich Angst habe zu lieben, liebe und achte ich mich, so wie ich bin.

Klopfen:

- Ich habe Angst zu lieben.

Mulde klopfen, Augen, summen, zählen, summen.

Fühlen!

Das macht mich traurig.

Heilender Punkt:

- Obwohl ich traurig bin, liebe und achte ich mich, so wie ich bin.

Klopfen:

- Ich bin traurig.

Mulde klopfen, Augen, summen, zählen, summen.

Fühlen!

Ich habe Angst vor der Außenwelt!

Heilender Punkt:

- Obwohl ich Angst vor der Außenwelt habe, liebe und achte ich mich, so wie ich bin.

Klopfen:

- Ich habe Angst vor der Außenwelt.

Mulde klopfen, Augen, summen, zählen, summen.

Fühlen!

Etwas nervt mich. Jetzt weiß ich es. Der Freund meiner Mutter.

DER FREUND MEINER MUTTER

Er ist in Ordnung, kommt selten hierher, aber er nervt mich trotzdem.

Heilender Punkt:

- Obwohl mich nervt, dass meine Mutter einen Freund hat, liebe und achte ich mich, so wie ich bin.

Klopfen:

- **Mich nervt es, dass meine Mutter einen Freund hat.**

Mulde klopfen, Augen, summen, zählen, summen.

Fühlen!

Ich hasse ihn!

Heilender Punkt:

- Obwohl ich ihn hasse, liebe und achte ich mich, so wie ich bin.

Klopfen:

- Ich hasse ihn.

Mulde klopfen, Augen, summen, zählen, summen.

Fühlen!

Dieses Arschloch zieht die ganze Aufmerksamkeit meiner Mutter auf sich. Er hat sie mir geklaut!

Heilender Punkt:

- Obwohl dieses Arschloch mir meine Mutter geklaut hat, liebe und achte ich mich, so wie ich bin.

Klopfen:

- Dieses Arschloch hat mir meine Mutter geklaut.

Mulde klopfen, Augen, summen, zählen, summen.

Fühlen!

Ich bin wütend, dass ich mit meiner Mutter lebe.

Heilender Punkt:

- Obwohl ich wütend bin, dass ich mit der Mutter lebe, liebe und achte ich mich so wie ich bin.

Klopfen:

- Ich bin wütend, dass ich mit meiner Mutter lebe.

Mulde klopfen, Augen, summen, zählen, summen.

Fühlen!

Ich kann sie nicht allein lassen!

Heilender Punkt:

- Obwohl ich sie nicht allein lassen kann, liebe und achte ich mich, so wie ich bin.

Klopfen:

- Ich kann sie nicht allein lassen.

Mulde klopfen, Augen, summen, zählen, summen.

Fühlen!

Ich hasse wieder meine Mutter!

Heilender Punkt:

- Obwohl ich meine Mutter hasse, liebe und achte ich mich, so wie ich bin.

Klopfen:

- Ich hasse meine Mutter.

Mulde klopfen, Augen, summen, zählen, summen.

Fühlen!

Ich will sie nicht sehen.

Heilender Punkt:

- Obwohl ich sie nicht sehen will, liebe und achte ich mich, so wie ich bin.

Klopfen:

- Ich will sie nicht sehen.

Mulde klopfen, Augen, summen, zählen, summen.

Fühlen!

Ich bin angespannt.

Heilender Punkt:

- Obwohl ich angespannt bin, liebe und achte ich mich, so wie ich bin.

Klopfen:

- Ich bin angespannt.

Mulde klopfen, Augen, summen, zählen, summen.

Fühlen!

Mann! Jetzt vermisse ich meine Frau!!!

Heilender Punkt:

- Obwohl ich meine Frau vermisse, liebe und achte ich mich, so wie ich bin.

Klopfen:

- Ich vermisse meine Frau.

Mulde klopfen, Augen, summen, zählen, summen.

Fühlen!

Ich bin durcheinander.

Heilpraktikerin fragte:

- „Willst du eine rauchen?"

Nein. Aber die Zigaretten müssen da bleiben.

Die Heilpraktikerin ließ mich durch das Haus laufen, Wasser trinken und tief durchatmen.

DIE FRAU

Das Verhör ging weiter.

- „Hast du eine Frau?"

Gehabt…

- „Was ist passiert?"

Wo soll ich anfangen?...

Sie hat, während ich in der Arbeit war, es mit meinem besten Freund getrieben und mich finanziell ruiniert.

- „Wie hast du sie kennengelernt?"

Ihr Vater war ein Geschäftsmann, ihm gehörte ein Transportunternehmen. Mein Bruder ist für ihn gefahren und nach der Arbeit hockte er in der Kneipe. Mein Vater war damals ein Stammgast dort und ihr Vater auch.

Steffi war 19 und extrem scharf auf meinen Bruder. Er war groß und verdiente nicht schlecht. Aber daraus ist nichts geworden, sie war einfach nicht sein Typ.

Und da sagte mein Vater zu ihr: „Ich hab noch einen Sohn. Nimm dir den Kleinen!" Was sie auch getan hat.

Sie war nichts Besonderes und, ehrlich gesagt, hat sie mir am Anfang gar nicht gefallen. Aber wir hatten beide

Hunde und gingen mit denen zusammen auf die Wiese. Ich habe mich an sie gewöhnt.

Disco, Alkohol, lange Sommernächte… so sind wir zusammengekommen.

Es gab auch keine andere, die auf mich stand.

Ich habe sie gefragt, ob sie mich heiratet und sie hat „Ja!" gesagt. Mit 23 Jahren war ich verheiratet.

Wir wohnten in meinem Zimmer unter dem Dach in unserem Haus, es ging nicht anders. Wir hatten kein Geld, nur Blödsinn im Kopf - Kneipen, Freunde, Austern essen, blöd daherreden… wir waren jung, das hat gepasst.

Sie wollte Kinder, ich nicht. Ich war selbst noch ein Kind. Das ist der größte Fehler meines Lebens gewesen!

Eines Tages schlug ihr Vater vor, dass sie sich als Friseurin selbständig machen sollte. Gesagt - getan. Das Geld dafür musste ich beschaffen, ist klar!

Ich hab mir einen LKW gekauft und mich als Transportunternehmer selbständig gemacht.

Ihr Friseursalon lief nicht gut. Ich weiß nicht, ob es an der Lage oder an ihr lag, jedenfalls gab es zu wenig Kunden. Der Laden ging pleite.

Sie hat für Produkte und Luxusausstattung sehr hohe Kredite genommen, die auf meinen Namen liefen.

Wie blöd muss man sein!

Ich bin 18 Stunden am Tag und sechs Tage in der Woche gefahren, um die Kredite an die Bank bezahlen zu können. Zehn Jahre lang!

Wenn ich meinen LKW fahre, ist es so, als ob ich vor dem Fernseher sitzen würde, und wenn ich auf der Autobahn bin, ist der Fernseher auf Stand-by. Todlangweilig!

Da habe ich geraucht! Eine nach der anderen! Aus Langeweile. Und jetzt aus Gewohnheit.

Die Gewohnheit!!! Die kannst du nicht abschütteln! Die hat sich in mich eingefressen!

Wenn ich aufwache, muss ich eine rauchen, wenn ich Kaffee trinke und meine Zeitung lese, muss ich rauchen, wenn ich eine Pause mache, muss ich rauchen und nach dem Sex sowieso!

Steffi machte die Heimarbeit und blieb zu Hause. Am Sonntag habe ich ihr noch dazu bei ihrer Heimarbeit geholfen.

Ich fuhr komplett auf den Felgen!

Der scheiß Jogging Anzug, die zerzausten Haare meiner Frau und ihre Kritik auf Schritt und Tritt gaben mir den Rest.

Sex war selten, weil meine Waffe eine richtige Zicke geworden war und nicht immer scharf sein wollte.

Eines Tages kam ich in die Kneipe und die Frau von meinem Nachbar sagte mir, dass Steffi es mit meinem besten Freund treibt, während ich in der Arbeit bin.

Ich hab's nicht geglaubt!

Ich war erst vor einer Woche mit meinem besten Freund auf dem Schießplatz gewesen, ich habe ihm meine Waffen gegeben, er hat mich angelächelt. Hat er mir ins Gesicht gelogen?

Er war mein bester Freund! Ich habe ihm vertraut!

Das kann nicht wahr sein!!!

Ich kam nach Hause und fragte meine Frau, ob es wahr ist?

Sie gab es zu und sagte, dass ich selbst schuld bin, weil ich sie vernachlässigt habe, nirgendwohin mit ihr hingegangen bin und nur gearbeitet habe.

Diese scheiß Schlampe betrügt mich nach Strich und Faden in meinem eigenen Haus und ich bin noch schuld, weil ich rund um die Uhr arbeite, um ihre scheiß Schulden zu bezahlen!... Hä?! Geht's noch?!!

Ich dachte, ich kriege gleich einen Herzinfarkt. Oder Schlaganfall. Oder Beides. Schwarz vor Augen, Todesangst. Zittern am ganzen Körper.

Ich kam wackelig runter zu meiner Mutter. Sie war daheim, hat alles mitgehört. Schweigend gab sie mir ein kaltes Bier und wir zwei saßen am Tisch. Sprachlos. Empört.

Ich wollte dieses verlogene Arschloch, meinen besten Freund, umbringen. Ich nahm meine Magnum, zog aus der Schachtel eine Patrone, aber sie fiel mir aus den Händen auf den Boden runter…

Ich kam zu mir… Die Magnum legte ich zurück auf ihren Platz. Ich war schweißgebadet.

Diese Patrone liegt in meiner Brieftasche. Als Warnung! Sie ist mein Glücksbringer.

Die Schlampe, meine Frau, ist am nächsten Tag ausgezogen. Zu ihm!

Ich ließ mich scheiden. Das war vor 15 Jahren.

Mit meinem Freund habe ich kein Wort mehr geredet.

Ich war am Boden zerstört. Konnte nicht mehr arbeiten. Nur saufen und rauchen. Monatelang.

Mein LKW war auch kaputt. Alles ging schief.

Ich musste die Kredite weiter alleine zahlen, weil meine Ex-Frau arbeitslos wurde.

Für die scheiß Kredite wurde das Haus, als Sicherheit verpfändet und wir waren nah dran, unsere Burg zu verlieren. Meine Mutter hat all ihre Ersparnisse mir gegeben.

Ich musste mich zusammenreißen und arbeiten!!!

Mein Selbstwertgefühl war im Eimer. Selbständig zu sein, kam nicht mehr in Frage. Ich verkaufte meinen LKW und bekam eine Stelle bei einem Transportunternehmer. Als Fahrer. Geregelte Arbeitszeiten, monatlicher Lohn, zwar ein Drittel von dem, was ich als Selbständiger verdient hatte, aber das war ein sicheres Einkommen.

Unser Leben war wie ein Slalom auf Messers Schneide.

Nach sechs Jahren harter Arbeit und eiserner Sparsamkeit von mir und meiner Mutter waren alle Kredite abbezahlt. Ich war frei.

Langsam kam ich wieder ins Leben.

Die Heilpraktikerin ließ mich Wasser trinken und dreimal durchatmen. Sie kam ganz nah zu mir, sah mir tief in die Augen und fragte:

- „Was ist das Allerschlimmste, das deine Frau und dein Freund dir angetan haben?"

Ich und meine Frau waren eins. Dadurch, dass er meine Frau gefickt und seinen dreckigen Schwanz in sie gesteckt hat, hat er mich gefickt!

Heilender Punkt:

- Obwohl er mich gefickt hat, liebe und achte ich mich, so wie ich bin.

Klopfen:

- **Er hat mich gefickt.**

Mulde klopfen, Augen, summen, zählen, summen.

Fühlen!

Nein! Blödsinn! Es ist eklig!

Heilender Punkt:

- Obwohl ich empört bin, liebe und achte ich mich, so wie ich bin.

Klopfen:

- **Ich bin empört.**

Mulde klopfen, Augen, summen, zählen, summen.

Fühlen!

Das kann nicht wahr sein!

Heilender Punkt:

- Obwohl das nicht wahr sein kann, liebe und achte ich mich, so wie ich bin.

Klopfen:

- Das kann nicht wahr sein.

Mulde klopfen, Augen, summen, zählen, summen.

Fühlen!

Ich stehe am Abgrund.

Heilender Punkt:

- Obwohl ich am Abgrund stehe, liebe und achte ich mich, so wie ich bin.

Klopfen:

- Ich stehe am Abgrund.

Mulde klopfen, Augen, summen, zählen, summen.

Fühlen!

Ich denke an meine Frau. Diese Schlampe hat mich entehrt.

Heilender Punkt:

- Obwohl diese Schlampe mich entehrt hat, liebe und achte ich mich, so wie ich bin.

Klopfen:

- Diese Schlampe hat mich entehrt.

Mulde klopfen, Augen, summen, zählen, summen.

Fühlen!

Ich könnte sie erschlagen!

Heilender Punkt:

- Obwohl ich sie erschlagen kann, liebe und achte ich mich, so wie ich bin.

Klopfen:

- Ich kann sie erschlagen.

Mulde klopfen, Augen, summen, zählen, summen.

Fühlen!

Sie ist eine blöde Kuh!

Heilender Punkt:

- Obwohl sie eine blöde Kuh ist, liebe und achte ich mich, so wie ich bin.

Klopfen:

- Sie ist eine blöde Kuh.

Mulde klopfen, Augen, summen, zählen, summen.

Fühlen!

Sie hat mein Herz rausgerissen.

Heilender Punkt:

- Obwohl sie mein Herz rausgerissen hat, liebe und achte ich mich, so wie ich bin.

Klopfen:

- Sie hat mein Herz rausgerissen.

Mulde klopfen, Augen, summen, zählen, summen.

Fühlen!

Ich kann nichts machen. Ich bin hilflos.

Heilender Punkt:

- Obwohl ich hilflos bin, liebe und achte ich mich, so wie ich bin.

Klopfen:

- Ich bin hilflos.

Mulde klopfen, Augen, summen, zählen, summen.

Fühlen!

Sie hat mein Haus verunreinigt.

Heilender Punkt:

- Obwohl sie mein Haus verunreinigt hat, liebe und achte ich mich, so wie ich bin.

Klopfen:

- Sie hat mein Haus verunreinigt.

Mulde klopfen, Augen, summen, zählen, summen.

Fühlen!

Sie hat mein Bett beschmutzt.

Heilender Punkt:

- Obwohl sie mein Bett beschmutzt hat, liebe und achte ich mich, so wie ich bin.

Klopfen:

- Sie hat mein Bett beschmutzt.

Mulde klopfen, Augen, summen, zählen, summen.

Fühlen!

Ich war von Anfang an eine zweite Wahl für sie.

Heilender Punkt:

- Obwohl ich eine zweite Wahl war, liebe und achte ich mich, so wie ich bin.

Klopfen:

- Ich war eine zweite Wahl.

Mulde klopfen, Augen, summen, zählen, summen.

Fühlen!

Ich vergleiche mich andauernd mit anderen - mit dem Bruder, mit dem Freund einfach mit allen!

Heilender Punkt:

- Obwohl ich mich mit anderen vergleiche, liebe und achte ich mich, so wie ich bin.

Klopfen:

- Ich vergleiche mich mit anderen.

Mulde klopfen, Augen, summen, zählen, summen.

Fühlen!

Meine Frau ist hässlich. Und ich habe sie geheiratet!

Heilender Punkt:

- Obwohl ich eine hässliche Frau geheiratet habe, liebe und achte ich mich, so wie ich bin.

Klopfen:

- **Ich habe eine hässliche Frau geheiratet.**

Mulde klopfen, Augen, summen, zählen, summen.

Fühlen!

Ich hasse ihre scheiß Kritik!

Heilender Punkt:

- Obwohl ich ihre scheiß Kritik hasse, liebe und achte ich mich, so wie ich bin.

Klopfen:

- Ich hasse ihre scheiß Kritik!

Mulde klopfen, Augen, summen, zählen, summen.

Fühlen!

Ich brauche es, gemocht zu werden.

Heilender Punkt:

- Obwohl ich es brauche, gemocht zu werden, liebe und achte ich mich, so wie ich bin.

Klopfen:

- Ich brauche es gemocht zu werden.

Mulde klopfen, Augen, summen, zählen, summen.

Fühlen!

Wenn ich allein bin, habe ich Angst, mich umzubringen.

Heilender Punkt:

- Obwohl ich Angst habe mich umzubringen, wenn ich allein bin, liebe und achte ich mich, so wie ich bin.

Klopfen:

- Ich habe Angst mich umzubringen, wenn ich allein bin.

Mulde klopfen, Augen, summen, zählen, summen.

Fühlen!

Ich habe wegen dieser scheiß Hure meine Burg in Gefahr gebracht.

Heilender Punkt:

- Obwohl ich wegen dieser Hure meine Burg in Gefahr gebracht habe, liebe und achte ich mich, so wie ich bin.

Klopfen:

- Ich habe meine Burg in Gefahr gebracht.

Mulde klopfen, Augen, summen, zählen, summen.

Fühlen!

Ich bin ihretwegen fast gestorben.

Heilender Punkt:

- Obwohl ich fast gestorben bin, liebe und achte ich mich, so wie ich bin.

Klopfen:

- Ich bin fast gestorben.

Mulde klopfen, Augen, summen, zählen, summen.

Fühlen!

Ich bin kein guter Ehemann.

Heilender Punkt:

- Obwohl ich kein guter Ehemann bin, liebe und achte ich mich, so wie ich bin.

Klopfen:

- Ich bin kein guter Ehemann.

Mulde klopfen, Augen, summen, zählen, summen.

Fühlen!

SEX

Ich bin ein schlechter Liebhaber. Was habe ich ihr schon gegeben?

Die drei RRR – Rauf, Rein, Raus. Für anderes hatte ich keine Zeit und keinen Bock.

Heilender Punkt:

- Obwohl ich ein schlechter Liebhaber bin, liebe und achte ich mich, so wie ich bin.

Klopfen:

- **Ich bin ein schlechter Liebhaber.**

Mulde klopfen, Augen, summen, zählen, summen.

Fühlen!

Manchmal kriege ich keinen hoch. Das ist mir peinlich! Ich bin ein Schlappschwanz!

Heilender Punkt:

- Obwohl ich ein Schlappschwanz bin, liebe und achte ich mich, so wie ich bin.

Klopfen:

- **Ich bin ein Schlappschwanz.**

Mulde klopfen, Augen, summen, zählen, summen.

Fühlen!

Ich erinnere mich an eine Sache:

Eines Tages, als ich fünf war, lief ich nackt durch das Haus und schwenkte mein Rohr in der Luft. Ich fand es lustig, wie mein Schniedel sich dreht. Mein Vater hat es gesehen und sah mich mit so einem Ekel an, als ob ich ein Insekt wäre, das man sofort zerquetschen sollte. Ich stand da, gelähmt vor Angst. Das Gefühl habe ich immer noch!

Heilender Punkt:

- Obwohl mein Schwanz ekelerregend ist, liebe und achte ich mich, so wie ich bin.

Klopfen:

- **Mein Schwanz ist ekelerregend.**

Mulde klopfen, Augen, summen, zählen, summen.

Fühlen!

Meine Mutter hat mich beim Wichsen erwischt!

Ich war dreizehn und Wichsen war meine Lieblingsbeschäftigung. Ich habe nicht gehört, wie meine

Mutter ins Zimmer kam und sie hat alles gesehen. Sie hat nichts gesagt, aber ich habe mich zu Tode geschämt!

Heilender Punkt:

- Obwohl ich mich schäme, weil meine Mutter mich beim Wichsen erwischt hat, liebe und achte ich mich, so wie ich bin.

Klopfen:

- **Ich schäme mich, weil meine Mutter mich beim Wichsen erwischt hat.**

Mulde klopfen, Augen, summen, zählen, summen.

Fühlen!

Ich und meine Frau konnten uns keine besonderen Sex-Eskapaden erlauben. Wir mussten still sein, weil das Schlafzimmer der Eltern unter unserem Zimmer lag.

Heilender Punkt:

- Obwohl ich beim Sex still sein muss, liebe und achte ich mich, so wie ich bin.

Klopfen:

- **Ich muss beim Sex still sein.**

Mulde klopfen, Augen, summen, zählen, summen.

Fühlen!

Was ist dir beim Sex passiert? Welche ist deine Geschichte?

Was denkst du über dein bestes Stück?

Zu klein, zu groß, zu krumm, zu dünn, zu dick. Kommst du zu früh oder zu spät…?

Klopfe alles ab, was dir an deinem Körper nicht gefällt.

Übertreibe dabei maßlos, das wirkt am besten!

Z.B.: Obwohl ich eine fette Sau, ein Zwerg, ein elender Glatzkopf, ein stinkender Mutant, ein beharrter Affe, ein seniler Greis, ein Dummbeutel, ein Hurenbock bin, diese scheißblöde Geheimratsecken habe, Klobrillen auf der Nase trage, liebe und achte ich mich so wie ich bin.

Erinnere dich und klopfe alles ab, was dir in den Sinn kommt, bis du ein Gefühl bekommst, dass **du der größte Sex-Gott aller Zeiten bist!**

Mich nervt, dass ich kleinwüchsig bin, nur 1,70 m!

Heilender Punkt:

- Obwohl mich nervt, dass ich ein Zwerg bin, liebe und achte ich mich, so wie ich bin.

Klopfen:

- **Mich nervt, dass ich ein Zwerg bin.**

Mulde klopfen, Augen, summen, zählen, summen.

Fühlen!

Ich bin wütend auf meine Frau, weil sie mich verlassen hat.

Heilender Punkt:

- Obwohl ich wütend bin, weil sie mich verlassen hat, liebe und achte ich mich, so wie ich bin.

Klopfen:

- Ich bin wütend, weil sie mich verlassen hat.

Mulde klopfen, Augen, summen, zählen, summen.

Fühlen!

Ich hasse diese scheiß Schlampe!

Heilender Punkt:

- Obwohl ich die scheiß Schlampe hasse, liebe und achte ich mich, so wie ich bin.

Klopfen:

- Ich hasse diese scheiß Schlampe.

Mulde klopfen, Augen, summen, zählen, summen.

Fühlen!

Sie hat mir ins Gesicht gelogen.

Heilender Punkt:

- Obwohl sie mir ins Gesicht gelogen hat, liebe und achte ich mich, so wie ich bin.

Klopfen:

- Sie hat mir ins Gesicht gelogen.

Mulde klopfen, Augen, summen, zählen, summen.

Fühlen!

Sie hat mich getötet.

Heilender Punkt:

- Obwohl sie mich getötet hat, liebe und achte ich mich, so wie ich bin.

Klopfen:

- Sie hat mich getötet.

Mulde klopfen, Augen, summen, zählen, summen.

Fühlen!

Es ist eklig, was die beiden getan haben.

Heilender Punkt:

- Obwohl es eklig ist, was die beiden getan haben, liebe und achte ich mich, so wie ich bin.

Klopfen:

- Es ist eklig, was die beiden getan haben.

Mulde klopfen, Augen, summen, zählen, summen.

Fühlen!

Ich explodiere!

Heilender Punkt:

- Obwohl ich explodiere, liebe und achte ich mich, so wie ich bin.

Klopfen:

- Ich explodiere.

Mulde klopfen, Augen, summen, zählen, summen.

Fühlen!

Ich bin wütend!

Heilender Punkt:

- Obwohl ich wütend bin, liebe und achte ich mich, so wie ich bin.

Klopfen:

- Ich bin wütend.

Mulde klopfen, Augen, summen, zählen, summen.

Fühlen!

Sie hat mich vernichtet.

Heilender Punkt:

- Obwohl sie mich vernichtet hat, liebe und achte ich mich, so wie ich bin.

Klopfen:

- Sie hat mich vernichtet.

Mulde klopfen, Augen, summen, zählen, summen.

Fühlen!

Ich zittere.

Heilender Punkt:

- Obwohl ich zittere, liebe und achte ich mich, so wie ich bin.

Klopfen:

- Ich zittere.

Mulde klopfen, Augen, summen, zählen, summen.

Fühlen!

ARBEIT UND GELD

Meine Frau schuldet mir Geld.

Heilender Punkt:

- Obwohl sie mir Geld schuldet, liebe und achte ich mich, so wie ich bin.

Klopfen:

- Sie schuldet mir Geld.

Mulde klopfen, Augen, summen, zählen, summen.

Fühlen!

Ihr Arschloch Vater hat mich in den Ruin getrieben.

Heilender Punkt:

- Obwohl dieses Arschloch mich in den Ruin getrieben hat, liebe und achte ich mich, so wie ich bin.

Klopfen:

- Dieses Arschloch hat mich in den Ruin getrieben.

Mulde klopfen, Augen, summen, zählen, summen.

Fühlen!

Ich hasse meine Arbeit!

Heilender Punkt:

- Obwohl ich meine Arbeit hasse, liebe und achte ich mich, so wie ich bin.

Klopfen:

- Ich hasse meine Arbeit.

Mulde klopfen, mit den Augen, summen, zählen, summen.

Fühlen!

Der Disponent, das scheiß Arschloch, versucht mich jeden Tag in die Knie zu zwingen!

Heilender Punkt:

- Obwohl mich dieses scheiß Arschloch in die Knie zwingt, liebe und achte ich mich, so wie ich bin.

Klopfen:

- **Dieses Arschloch zwingt mich in die Knie.**

Mulde klopfen, mit den Augen, summen, zählen, summen.

Dann fühlen!

Mir reicht das Geld hinten und vorne nicht.

Heilender Punkt:

- Obwohl mir das Geld nicht reicht, liebe und achte ich mich, so wie ich bin.

Klopfen:

- Mir reicht das Geld nicht.

Mulde klopfen, mit den Augen, summen, zählen, summen.

Fühlen!

Ich sterbe vor Langeweile!

Heilender Punkt:

- Obwohl ich vor Langeweile sterbe, liebe und achte ich mich, so wie ich bin.

Klopfen:

- Ich sterbe vor Langeweile.

Mulde klopfen, Augen, summen, zählen, summen.

Fühlen!

KREDITE

Die scheiß Kredite zwingen mich, diese scheiß Arbeit zu machen!

Heilender Punkt:

- Obwohl diese scheiß Kredite aus mir einen Zwangsarbeiter gemacht haben, liebe und achte ich mich, so wie ich bin.

Klopfen:

- Diese scheiß Kredite haben aus mir einen Zwangsarbeiter gemacht.

Mulde klopfen, mit den Augen, summen, zählen, summen.

Fühlen!

Ich kann nicht anders.

Heilender Punkt:

- Obwohl ich nicht anders kann, liebe und achte ich mich, so wie ich bin.

Klopfen:

- Ich kann nicht anders.

Mulde klopfen, mit den Augen, summen, zählen, summen.

Fühlen!

Ich weiß nicht, wie ich da raus komme.

Heilender Punkt:

- Obwohl ich nicht weiß, wie ich da raus komme, liebe und achte ich mich, so wie ich bin.

Klopfen:

- Ich weiß nicht, wie ich da raus komme.

Mulde klopfen, mit den Augen, summen, zählen, summen.

Fühlen!

Ich habe Angst, allein zu sein.

Heilender Punkt:

- Obwohl ich Angst habe, allen zu sein, liebe und achte ich mich, so wie ich bin.

Klopfen:

- Ich habe Angst, allein zu sein.

Mulde klopfen, mit den Augen, summen, zählen, summen.

Fühlen!

Ich bin eins mit diesem Sumpf.

Heilender Punkt:

- Obwohl ich eins mit diesem Sumpf bin, liebe und achte ich mich, so wie ich bin.

Klopfen:

- Ich bin eins mit diesem Sumpf.

Mulde klopfen, mit den Augen, summen, zählen, summen.

Fühlen!

Ich schäme mich, dass ich diese scheiß Kredite genommen habe.

- Obwohl ich mich schäme, dass ich diese scheiß Kredite genommen habe, liebe und achte ich mich, so wie ich bin.

Klopfen:

- Ich schäme mich, dass ich diese scheiß Kredite genommen habe.

Mulde klopfen, mit den Augen, summen, zählen, summen.

Fühlen!

Ich hab's gemacht, um ihr zu gefallen!

Heilender Punkt:

- Obwohl ich es gemacht habe, um ihr zu gefallen, liebe und achte ich mich, so wie ich bin.

Klopfen:

- Ich hab's gemacht, um ihr zu gefallen.

Mulde klopfen, mit den Augen, summen, zählen, summen.

Fühlen!

Ich weine - alles war umsonst.

Heilender Punkt:

- Obwohl ich weine, weil alles umsonst war, liebe und achte ich mich, so wie ich bin.

Klopfen:

- Ich weine, weil alles umsonst war.

Mulde klopfen, Augen, summen, zählen, summen.

Fühlen!

Ich hasse diese scheiß Familie!

Heilender Punkt:

- Obwohl ich diese scheiß Familie hasse, liebe und achte ich mich, so wie ich bin.

Klopfen:

- Ich hasse diese Familie.

Mulde klopfen, Augen, summen, zählen, summen.

Fühlen!

SEELENSCHMERZ

Ich bin traurig, dass ich keine Familie mehr habe.

Heilender Punkt:

- Obwohl ich traurig bin, dass ich keine Familie mehr habe, liebe und achte ich mich, so wie ich bin.

Klopfen:

- Ich bin traurig, dass ich keine Familie habe.

Mulde klopfen, Augen, summen, zählen, summen.

Fühlen!

Ich bin verloren.

Heilender Punkt:

- Obwohl ich verloren bin, liebe und achte ich mich, so wie ich bin.

Klopfen:

- Ich bin verloren.

Mulde klopfen, Augen, summen, zählen, summen.

Fühlen!

Mein scheiß Freund hat meine scheiß Frau geheiratet.

Heilender Punkt:

- Obwohl mein scheiß Freund meine scheiß Frau geheiratet hat, liebe und achte ich mich, so wie ich bin.

Klopfen:

- Mein scheiß Freund hat meine scheiß Frau geheiratet.

Mulde klopfen, Augen, summen, zählen, summen.

Fühlen!

Das tut weh.

Heilender Punkt:

- Obwohl das weh tut, liebe und achte ich mich, so wie ich bin.

Klopfen:

- Das tut weh.

Mulde klopfen, Augen, summen, zählen, summen.

Fühlen!

Ich beneide die beiden.

Heilender Punkt:

- Obwohl ich sie beneide, liebe und achte ich mich, so wie ich bin.

Klopfen:

- Ich beneide sie.

Mulde klopfen, Augen, summen, zählen, summen.

Fühlen!

Ich bin gekränkt, dass ich allein bin.

Heilender Punkt:

- Obwohl ich gekränkt bin, dass ich allein bin, liebe und achte ich mich, so wie ich bin.

Klopfen:

- Ich bin gekränkt, dass ich allein bin.

Mulde klopfen, Augen, summen, zählen, summen.

Fühlen!

Ich habe Angst vor Frauen.

Heilender Punkt:

- Obwohl ich Angst vor Frauen habe, liebe und achte ich mich, so wie ich bin.

Klopfen:

- Ich habe Angst vor Frauen.

Mulde klopfen, Augen, summen, zählen, summen.

Fühlen!

Ich hab kein Vertrauen mehr!

Heilender Punkt:

- Obwohl ich kein Vertrauen mehr habe, liebe und achte ich mich, so wie ich bin.

Klopfen:

- Ich habe kein Vertrauen mehr.

Mulde klopfen, Augen, summen, zählen, summen.

Fühlen!

Ich habe Angst, dass mein Schwanz zu klein ist.

Heilender Punkt:

- Obwohl mein Schwanz zu klein ist, liebe und achte ich mich, so wie ich bin.

Klopfen:

- Mein Schwanz ist zu klein.

Ich habe eine Frau nicht verdient.

Du wirst dich wundern, welche Kakerlaken noch in deinem Kopf sitzen!

Sie haben bei dir nichts zu suchen!

Klopfe sie alle ab!

Heilender Punkt:

- Obwohl ich eine Frau nicht verdient habe, liebe und achte ich mich, so wie ich bin.

Klopfen:

- Ich habe eine Frau nicht verdient.

Mulde klopfen, Augen, summen, zählen, summen.

Fühlen!

Ich muss um eine Frau betteln.

Heilender Punkt:

- Obwohl ich um eine Frau betteln muss, liebe und achte ich mich, so wie ich bin.

Klopfen:

- Ich muss um eine Frau betteln.

Mulde klopfen, Augen, summen, zählen, summen.

Fühlen!

Ich muss um die Liebe betteln!

Heilender Punkt:

- Obwohl ich um die Liebe betteln muss, liebe und achte ich mich, so wie ich bin.

Klopfen:

- Ich muss um die Liebe betteln.

Mulde klopfen, Augen, summen, zählen, summen.

Fühlen!

Sex muss ich mir erstmal verdienen.

Heilender Punkt:

- Obwohl ich mir Sex verdienen muss, liebe und achte ich mich, so wie ich bin.

Klopfen:

- Sex muss ich mir verdienen.

Mulde klopfen, Augen, summen, zählen, summen.

Fühlen!

Ich werde keine mehr abkriegen.

Heilender Punkt:

- Obwohl ich keine mehr abkriegen werde, liebe und achte ich mich, so wie ich bin.

Klopfen:

- Ich kriege keine mehr ab.

Mulde klopfen, Augen, summen, zählen, summen.

Fühlen!

Steffi war meine einzige Chance.

- Obwohl sie meine einzige Chance war, liebe und achte ich mich, so wie ich bin.

Klopfen:

- Sie war meine einzige Chance.

Mulde klopfen, Augen, summen, zählen, summen.

Fühlen!

Ich vermisse meine Frau.

Heilender Punkt:

- Obwohl ich meine Frau vermisse, liebe und achte ich mich, so wie ich bin.

Klopfen:

- Ich vermisse meine Frau.

Mulde klopfen, Augen, summen, zählen, summen.

Fühlen!

Ich vermisse meinen Freund.

Heilender Punkt:

- Obwohl ich meinen Freund vermisse, liebe und achte ich mich, so wie ich bin.

Klopfen:

- Ich vermisse meinen Freund.

Mulde klopfen, Augen, summen, zählen, summen.

Fühlen!

Ich liebe sie beide. Ohne sie bleibt mir nur Saufen und Rauchen.

Heilender Punkt:

- Obwohl ohne sie mir nur Saufen und Rauchen bleibt, liebe und achte ich mich, so wie ich bin.

Klopfen:

- Ohne sie bleibt mir nur Saufen und Rauchen.

Mulde klopfen, Augen, summen, zählen, summen.

Fühlen!

Ich bringe mich um.

Heilender Punkt:

- Obwohl ich mich umbringe, liebe und achte ich mich, so wie ich bin.

Klopfen:

- Ich bringe mich um.

Mulde klopfen, Augen, summen, zählen, summen.

Fühlen!

Ich bin tot.

Heilender Punkt:

- Obwohl ich tot bin, liebe und achte ich mich, so wie ich bin.

Klopfen:

- Ich bin tot.

Mulde klopfen, Augen, summen, zählen, summen.

Fühlen!

Mein Leben ist leer.

Heilender Punkt:

- Obwohl mein Leben leer ist, liebe und achte ich mich, so wie ich bin.

Klopfen:

- Mein Leben ist leer.

Mulde klopfen, Augen, summen, zählen, summen.

Fühlen!

Ich habe keine Kinder. Niemand erbt, was ich habe.

Heilender Punkt:

- Obwohl ich keine Kinder habe, liebe und achte ich mich, so wie ich bin.

Klopfen:

- Ich habe keine Kinder.

Mulde klopfen, Augen, summen, zählen, summen.

Fühlen!

Ich verachte meine Frau und meinen Freund.

Heilender Punkt:

- Obwohl ich sie verachte, liebe und achte ich mich, so wie ich bin.

Klopfen:

- Ich verachte sie.

Mulde klopfen, Augen, summen, zählen, summen.

Fühlen!

Das sitzt, wie ein scheiß Dorn im Herzen.

Heilender Punkt:

- Obwohl es, wie ein scheiß Dorn im Herzen sitzt, liebe und achte ich mich, so wie ich bin.

Klopfen:

- Es sitzt, wie ein scheiß Dorn im Herzen.

Mulde klopfen, Augen, summen, zählen, summen.

Fühlen!

Die zwei sind eine Familie, das geht mich nichts mehr an.

Das sind Fremde!

Ich bin jetzt wieder da!

Aber etwas liegt mir am Herzen.

LEICHEN IM KELLER UND DER ERSTE SEX

Wenn ich ganz ehrlich bin, ich glaube, dass alles, was mit meiner Frau passiert ist, nicht zufällig war …
In meiner Jugend hatte ich auch einen besten Freund und ich habe ein Gefühl, als ob diese zwei Freunde, der von damals und der mit meiner Frau, ein und derselbe sind.
Ich bin auch ein mieses Arschloch gewesen. Ich habe richtig Mist gebaut - meinem besten Freund aus meiner Jugend sein Mädchen ausgespannt. Nicht, weil ich sie besonders hübsch fand, sie war ok.
Es war mein Erstes Mal!!! Ich konnte nicht widerstehen! Ich hatte meinen ersten Sex mit der Freundin meines besten Freundes. Ich war 15 und in unserer Clique waren wir die Schlimmsten. Unsere Spezialität war Zerstörung. Türen rausreißen, Kreide mit den Flügeln der Schultafel so zerschlagen, dass die Tafel danach voll mit Löchern übersät war, Blödsinn machen, die Kettensäge jeden Tag genau um 1 Uhr nachts anschmeißen und randalieren, die Napfsülze aus der anderen Clique in den Mülleimer stecken. Aber erst nachdem er mir einen Zweigendorn in den Schenkel gerammt hatte! Das hat weh getan! Bevor er es nochmal versuchte, steckte ich ihn in die Mülltonne. Der scheiß Dorn sitzt abgekapselt immer noch in mir drin! Seitdem habe ich diese Angst vor Spritzen!

Mein Freund hatte ein Mädchen, Susi. Sie gehörte zu einer anderen Clique, zu einer härteren. Wir haben nur Alkohol getrunken und geraucht, in ihrer Clique wurden Drogen genommen. Eines Tages ist mein Freund mit den Eltern in den Urlaub gefahren. Susi rief an und bat mich um Rat. Wir trafen uns bei ihr zu Hause. Sie hatte Angst, Drogen zu nehmen, aber eine noch größere Angst, dass sie aus der Clique ausgestoßen wird, wenn sie nicht mitmacht. Ihre Eltern waren geschieden und die Clique war ihr sehr wichtig. Ich halte nichts von Drogen und gab ihr den Rat: Finger weg! Susi weinte an meiner Schulter und ich tröstete sie. Sie war da, mein Freund war weg und es ist passiert. Mein erster Sex. Einmal. Ich konnte einfach nicht widerstehen.

Danach habe ich mich scheiße gefühlt! Richtig scheiße! Ich hatte ein schlechtes Gewissen. Ich konnte meinem Freund nicht mehr in die Augen schauen, ging ihm feige aus dem Weg. Ich habe ihm über mich und Susi nichts gesagt und dadurch unsere Freundschaft eigenhändig einfach in den Sand gesetzt.

Susi hat mit meinem Freund, als er vom Urlaub zurückkam, Schluss gemacht. Sie ist in ihrer Clique geblieben und nach einem Jahr an einer Überdosis gestorben.

Diese scheiß Schuld macht mich bis zum heutigen Tage fertig!

Was meine Frau und mein Freund mir angetan haben, geschieht mir recht, ich habe es verdient.

Die Heilpraktikerin ließ mich Wasser trinken, tief ein- und ausatmen und sagte:

- „Wir klopfen das ab. Bereit?"

Das kann man nicht abklopfen. Diese Schuld geht nicht weg!

Sie dagegen:

- „In Ordnung. Trotzdem abklopfen!"

Heilender Punkt:

- Obwohl diese Schuld nicht weg geht, liebe und achte ich mich, so wie ich bin.

Klopfen:

- Diese Schuld geht nicht weg.

Mulde klopfen, Augen, summen, zählen, summen.

Fühlen!

Ich kann jetzt weitermachen. Ich bin bereit.

Heilender Punkt:

- Obwohl ich ein blöder Rebell bin, liebe und achte ich mich, so wie ich bin.

Klopfen:

- **Ich bin ein Rebell.**

Mulde klopfen, Augen, summen, zählen, summen.

Fühlen!

Ich denk an dieses Arschloch, der mir den Dorn in meinen Schenkel gerammt hat!

Heilender Punkt:

- Obwohl dieses Arschloch mir den Dorn in mein Bein gerammt hat, liebe und achte ich mich, so wie ich bin.

Klopfen:

- **Das Arschloch hat mir den scheiß Dorn in mein Bein gerammt.**

Mulde klopfen, Augen, summen, zählen, summen.

Fühlen!

Es tut weh, wenn ich die Stelle drücke, obwohl es längst abgekapselt ist.

Heilender Punkt:

- Obwohl es weh tut, liebe und achte ich mich so, wie ich bin.

Klopfen:

- Es tut weh.

Mulde klopfen, Augen, summen, zählen, summen.

Fühlen!

Ich sehe, wie ich dieses Arschloch in die Mülltonne werfe.

Heilender Punkt:

- Obwohl ich dieses Arschloch in den Müll geworfen habe, liebe und achte ich mich, so wie ich bin.

- Ich habe dieses Arschloch in den Müll geworfen.

- Fühlen!

Alles nur Arschlöcher! Ich vernichte sie!

Heilender Punkt:

- Obwohl ich sie vernichte, liebe und achte ich mich, so wie ich bin.

Klopfen:

- Ich vernichte sie.

Mulde klopfen, Augen, summen, zählen, summen.

Fühlen!

Ich bin unruhig.

Heilpraktikerin fragte:

- „Was fühlst du für dieses Mädchen Susi?"

Ich habe sie umgebracht, weil ich sie gefickt und wie Müll weggeschmissen habe. Ich habe sie danach nicht mal angerufen.

Darum ist sie zu dieser Clique gegangen.

Heilender Punkt:

- Obwohl ich Sie umgebracht habe, liebe und achte ich mich, so wie ich bin.

Klopfen:

- **Ich habe sie umgebracht.**

Mulde klopfen, Augen, summen, zählen, summen.

Fühlen!

Ich muss mit dieser Schuld leben.

Heilender Punkt:

- Obwohl ich mit dieser Schuld leben muss, liebe und achte ich mich, so wie ich bin.

Klopfen:

- Ich muss mit dieser Schuld leben.

Mulde klopfen, Augen, summen, zählen, summen.

Fühlen!

Mit Susi ist alles ok. Es ist ihr Leben. Ich hab mit ihrem Tod nichts zu tun.

Sie wollte unbedingt mit mir Sex haben und ich habe mitgemacht. Jetzt erinnere ich mich daran.

Ich habe mich gleich danach wie ein Verräter gegenüber meinem Freund gefühlt. Das bin ich auch!

Welche Leichen hast du in deinem Keller? Egal, wie schlimm es sich anfühlt, hol sie alle raus! Das sind nur Gedanken und sie haben mit der Wirklichkeit nichts zu tun. Das ist der Müll von fremden Leuten, auch, wenn sie mit dir verwandt sind!

Jeder Mensch hat sein eigenes Schicksal, genau wie du! Niemand will bemitleidet oder verurteilt werden. Jeder braucht Respekt!

Du kannst für jemand anderen nicht pinkeln, sterben oder sein Leben "verbessern". Wenn du versuchst jemandem zu helfen, ohne gefragt zu werden, mischst du dich in eine fremde Struktur ein. In seine Struktur!

Es ist, als ob du sein saftiges Steak für ihn isst, um ihn vor den Bauchschmerzen zu retten, die er eventuell bekommen könnte. Das nimmt er dir übel! Und rächt sich.

Egal wie erschreckend sich das Schicksal anderer Menschen für dich anfühlen mag - jeder lernt dabei seine Lektion!

Befreie dich! Klopfe den fremden Müll ab!

Heilender Punkt:

- Obwohl ich ein Verräter bin, liebe und achte ich mich, so wie ich bin.

Klopfen:

- **Ich bin ein Verräter.**

Mulde klopfen, Augen, summen, zählen, summen.

Fühlen!

Ich kann meinem Freund die Wahrheit nicht sagen.

Heilender Punkt:

- Obwohl ich meinem Freund die Wahrheit nicht sagen kann, liebe und achte ich mich, so wie ich bin.

Klopfen:

- Ich kann meinem Freund die Wahrheit nicht sagen.

Mulde klopfen, Augen, summen, zählen, summen.

Fühlen!

Ich bin traurig, dass ich meinen besten Freund verloren habe.

Heilender Punkt:

- Obwohl ich traurig bin, dass ich meinen besten Freund verloren habe, liebe und achte ich mich, so wie ich bin.

Klopfen:

- Ich bin traurig, dass ich meinen besten Freund verloren habe.

Mulde klopfen, Augen, summen, zählen, summen.

Fühlen!

Ich bin ein feiges Arschloch.

Heilender Punkt:

- Obwohl ich ein feiges Arschloch bin. Liebe und achte ich mich, so wie ich bin.

Klopfen:

- Ich bin ein feiges Arschloch.

Mulde klopfen, Augen, summen, zählen, summen.

Fühlen!

Ich bin ihm ein Mädchen schuldig.

Heilender Punkt:

- Obwohl ich meinem Freund ein Mädchen schuldig bin, liebe und achte ich mich, so wie ich bin.

Klopfen:

- Ich bin meinem Freund ein Mädchen schuldig.

Mulde klopfen, Augen, summen, zählen, summen.

Fühlen!

Ich habe Angst, dass er es erfährt.

Heilender Punkt:

- Obwohl ich Angst habe, dass er es erfährt, liebe und achte ich mich, so wie ich bin.

Klopfen:

- Ich habe Angst, dass er es erfährt.

Mulde klopfen, Augen, summen, zählen, summen.

Fühlen!

Ich hab sein Vertrauen missbraucht.

Heilender Punkt:

- Obwohl ich sein Vertrauen missbraucht habe, liebe und achte ich mich, so wie ich bin.

Klopfen:

- Ich habe sein Vertrauen missbraucht.

Mulde klopfen, Augen, summen, zählen, summen.

Fühlen!

Ich muss sterben.

Heilender Punkt:

- Obwohl ich sterben muss, liebe und achte ich mich, so wie ich bin.

Klopfen:

- Ich muss sterben.

Mulde klopfen, Augen, summen, zählen, summen.

Fühlen!

Ich verachte mich selbst.

Heilender Punkt:

- Obwohl ich mich selbst verachte, liebe und achte ich mich, so wie ich bin.

Klopfen:

- Ich verachte mich.

Mulde klopfen, Augen, summen, zählen, summen.

Fühlen!

Super. Passt. Mein Freund? Ich achte ihn. So sollte es sein. Aber irgendwas ist noch.

Ich kann mir nicht vergeben.

Heilender Punkt:

- Obwohl ich mir nicht vergeben kann, liebe und achte ich mich, so wie ich bin.

Klopfen:

- Ich kann mir nicht vergeben.

Mulde klopfen, Augen, summen, zählen, summen.

Fühlen!

Ich bin es leid, auf der Welt zu sein.

Heilender Punkt:

- Obwohl ich es leid bin, auf der Welt zu sein, liebe und achte ich mich, so wie ich bin.

Klopfen:

- Ich bin es leid, auf der Welt zu sein.

Mulde klopfen, Augen, summen, zählen, summen.

Fühlen!

Ich fühle mich schuldig.

Heilender Punkt:

- Obwohl ich mich schuldig fühle, liebe und achte ich mich, so wie ich bin.

Klopfen:

- Ich fühle mich schuldig.

Mulde klopfen, Augen, summen, zählen, summen.

Fühlen!

Besser. Aber etwas gibt es noch.

Es ist verdorben! Etwas ist verdorben.

Heilende Punkt:

- Obwohl es verdorben ist, liebe und achte ich mich, so wie ich bin.

Klopfen:

- Es ist verdorben.

Mulde klopfen, Augen, summen, zählen, summen.

Fühlen!

Ich verachte meinen Freund.

Heilender Punkt:

- Obwohl ich meinen Freund verachte, liebe und achte ich mich, so wie ich bin.

Klopfen:

- Ich verachte meinen Freund.

Mulde klopfen, Augen, summen, zählen, summen.

Fühlen!

Er ist gar nicht mein Freund. Wir haben nur zusammen randaliert.

Ich habe alles im falschen Licht gesehen.

Heilender Punkt:

- Obwohl ich alles im falschen Licht gesehen habe, liebe und achte ich mich, so wie ich bin.

Klopfen:

- Ich habe alles im falschen Licht gesehen.

Mulde klopfen, Augen, summen, zählen, summen.

Fühlen!

SELBSTANGRIFF

Ich war bescheuert!

Heilender Punkt:

- Obwohl ich bescheuert war, liebe und achte ich mich, so wie ich bin.

Klopfen:

- Ich war bescheuert.

Mulde klopfen, Augen, summen, zählen, summen.

Fühlen!

Ich verpasse mein Leben.

Heilender Punkt:

- Obwohl ich mein Leben verpasse, liebe und achte ich mich, so wie ich bin.

Klopfen:

- Ich verpasse mein Leben.

Mulde klopfen, Augen, summen, zählen, summen.

Fühlen!

Ich hab mir zu viel aufgeladen. Ich trage zu viel Verantwortung.

Heilender Punkt:

- Obwohl ich zu viel Verantwortung trage, liebe und achte ich mich, so wie ich bin.

Klopfen:

- Ich trage zu viel Verantwortung.

Mulde klopfen, Augen, summen, zählen, summen.

Fühlen!

Ich bin überfordert.

Heilender Punkt:

- Obwohl ich überfordert bin, liebe und achte ich mich, so wie ich bin.

Fühlen:

- Ich bin überfordert.

Mulde klopfen, Augen, summen, zählen, summen.

Fühlen!

Das ist diese scheiß Unsicherheit, die mich runterzieht!

Heilender Punkt:

- Obwohl mich diese Unsicherheit runterzieht, liebe und achte ich mich, so wie ich bin.

Klopfen:

- Diese scheiß Unsicherheit zieht mich runter.

Mulde klopfen, Augen, summen, zählen, summen.

Fühlen!

Ich bin stinkwütend, dass ich in diesem Sumpf hocke und mich ertränke.

Heilender Punkt:

- Obwohl ich stinkwütend bin, dass ich mich in diesem Sumpf ertränke, liebe und achte ich mich, so wie ich bin.

Klopfen:

- Ich ertränke mich in diesem Sumpf.

Mulde klopfen, Augen, summen, zählen, summen.

Fühlen!

Ich schäme mich, dass ich das getan habe.

Heilender Punkt:

- Obwohl ich mich schäme, dass ich das getan habe, liebe und achte ich mich, so wie ich bin.

Klopfen:

- Ich schäme mich, dass ich das getan habe.

Mulde klopfen, Augen, summen, zählen, summen.

Fühlen!

Ich falle gleich um!

Heilender Punkt:

- Obwohl ich gleich umfalle, liebe und achte ich mich, so wie ich bin.

Klopfen:

- Ich falle um.

Mulde klopfen, Augen, summen, zählen, summen.

Fühlen!

Keine Ahnung!

Die Heilpraktikerin fragte:

- „Willst du eine rauchen?"

Eklig! Pfui!

RAUCHER-ZEUG

Ich habe Angst vor Zigaretten.

Heilender Punkt:

- Obwohl ich Angst vor Zigaretten habe, liebe und achte ich mich, so wie ich bin.

Klopfen:

- Ich habe Angst vor Zigaretten.

Mulde klopfen, Augen, summen, zählen, summen.

Fühlen!

Ich bin sehr traurig, dass ich alleine bin.

Heilender Punkt:

- Obwohl ich sehr traurig bin, dass ich alleine bin, liebe und achte ich mich, so wie ich bin.

Klopfen:

- Ich bin sehr traurig, weil ich alleine bin.

Mulde klopfen, Augen, summen, zählen, summen.

Die Heilpraktikerin fragte wieder:

- „Willst du eine rauchen?"

Etwas ist mit der Schachtel. Ihre Kanten nerven mich!

Heilender Punkt:

- Obwohl mich die Kanten der Zigarettenschachtel nerven, liebe und achte ich mich, so wie ich bin.

Klopfen:

- Mich nerven die Kanten.

Mulde klopfen, Augen, summen, zählen, summen.

- „Willst du eine rauchen?"

Das Feuerzeug, das Zippo meines Vaters macht mich wütend! Das liegt seit Jahren da.

Heilender Punkt:

- Obwohl das Zippo meines Vaters mich wütend macht, liebe und achte ich mich, so wie ich bin.

Klopfen:

- **Das Zippo macht mich wütend.**

Mulde klopfen, Augen, summen, zählen, summen.

Fühlen!

Die Kippen im Aschenbecher sind zum Kotzen.

Heilender Punkt:

- Obwohl die Kippen mich ankotzen, liebe und achte ich mich, so wie ich bin.

Klopfen:

- Die Kippen kotzen mich an.

Mulde klopfen, Augen, summen, zählen, summen.

Fühlen!

Es nervt mich, dass diese Scheiße auf meinem Tisch liegt.

Heilender Punkt:

- Obwohl es mich nervt, dass diese Scheiße auf meinem Tisch liegt, liebe und achte ich mich, so wie ich bin.

Klopfen:

- Mich nervt diese Scheiße.

Mulde klopfen, Augen, summen, zählen, summen.

Fühlen!

Ich bin stinksauer, wenn ich das sehe.

Heilender Punkt:

- Obwohl ich stinksauer bin, wenn ich das sehe, liebe und achte ich mich, so wie ich bin.

Klopfen:

- Ich bin stinksauer, wenn ich das sehe.

Mulde klopfen, Augen, summen, zählen, summen.

Die Heilpraktikerin fragte wieder:

- „Willst du rauchen?"

Ich bin wütend, dass du es fragst.

Heilender Punkt:

- Obwohl ich wütend bin, dass du es fragst, liebe und achte ich mich, so wie ich bin.

Klopfen:

- Ich bin wütend, dass du es fragst.

Mulde klopfen, Augen, summen, zählen, summen.

Fühlen!

- „Willst du rauchen?"

Ja, ich will rauchen. Ich bleibe dabei.

Heilender Punkt:

- Obwohl ich dabei bleibe, liebe und achte ich mich, so wie ich bin.

Klopfen:

- Ich bleibe dabei.

Mulde klopfen, Augen, summen, zählen, summen.

Fühlen!

Wenn du ein Gefühl bekommst, dass die ganze Arbeit umsonst war, klopfe weiter!

Es ist, als ob du eine lange Strecke hinter dir hast und dir nur noch wenige Kilometer fehlen, bis du zu Hause bist. Behalte deine Konzentration. Du bist fast am Ziel!

Klopfe ab!

Ich muss etwas im Mund haben.

Heilender Punkt:

- Obwohl ich etwas im Mund haben muss, liebe und achte ich mich so, wie ich bin.

Klopfen:

- Ich muss etwas im Mund haben.

Mulde klopfen, Augen, summen, zählen, summen.

Fühlen!

Etwas ist im Mund, ein unangenehmes Brennen.

Heilender Punkt:

- Obwohl ich ein unangenehmes Brennen im Mund habe, liebe und achte ich mich, so wie ich bin.

Klopfen:

- Unangenehmes Brennen im Mund.

Mulde klopfen, Augen, summen, zählen, summen.

Fühlen!

- „Willst du eine rauchen?"

Das sind nicht meine. Vielleicht…

Mir fehlt etwas in den Fingern, so wie ein Rohr.

Sei nicht frech, du weißt, was ich meine!

Heilender Punkt:

- Obwohl mir etwas, wie ein Rohr, in den Fingern fehlt, liebe und achte ich mich, so wie ich bin.

Klopfen:

- Mir fehlt ein Rohr in den Fingern.

Mulde klopfen, Augen, summen, zählen, summen.

Fühlen!

Etwas ist noch da.

Die Verpackung. Die Farbe! Ich werde sie vermissen.

Heilender Punkt:

- Obwohl ich die Verpackungsfarbe vermisse, liebe und achte ich mich, so wie ich bin.

Klopfen:

- **Ich vermisse die Verpackungsfarbe.**

Mulde klopfen, Augen, summen, zählen, summen.

Fühlen!

Ich stinke!

Heilender Punkt:

- Obwohl ich stinke, liebe und achte ich mich, so wie ich bin.

Klopfen:

- Ich stinke.

Mulde klopfen, Augen, summen, zählen, summen.

Fühlen!

Mir fehlt meine Raucherclique.

Heilender Punkt:

- Obwohl mir die Raucherclique fehlt, liebe und achte ich mich, so wie ich bin.

Klopfen:

- Mir fehlt die Raucherclique.

Mulde klopfen, Augen, summen, zählen, summen.

Fühlen!

Ich bin nicht cool, wenn ich nicht rauche.

Heilender Punkt:

- Obwohl ich nicht cool bin, wenn ich nicht rauche, liebe und achte ich mich, so wie ich bin.

Klopfen:

- Ich bin nicht cool, wenn ich nicht rauche.

Mulde klopfen, Augen, summen, zählen, summen.

Fühlen!

Die Zigaretten-Werbung verführt mich.

Heilender Punkt:

- Obwohl mich diese scheiß Raucherwerbung verführt, liebe und achte ich mich, so wie ich bin.

Klopfen:

- Die Raucherwerbung verführt mich.

Mulde klopfen, Augen, summen, zählen, summen.

Die Heilpraktikerin fragte:

- „Wie viel hast du an die Zigarettenindustrie in all diesen Jahren gezahlt?"

…. Ca. 300.000,-€!!! Wenn es langt!

- „Bist du bereit, deine Mitgliedschaft bei denen zu kündigen?"

Ja… Aber… ich habe Angst um die Zigarettenindustrie! Wie blöd bin ich?!!!

Heilender Punkt:

- Obwohl ich Angst um die Zigarettenindustrie habe, liebe und achte ich mich, so wie ich bin.

Klopfen:

- Ich habe Angst um die Zigarettenindustrie.

Mulde klopfen, Augen, summen, zählen, summen. Heilpraktikerin fragte:

- „Bist du bereit zu kündigen?"

Klar!!!

Die Heilpraktikerin gab mir das Formular zum ausfüllen.

Reiß die Seite mit dem Formular raus, trage deinen Namen, Ort, Datum ein und unterschreibe.
Du kannst ein kleines Fegefeuer machen, die Kündigung verbrennen und in Gedanken sehen, wie der höchste Boss der Zigarettenindustrie deine Kündigung bekommt und bewilligt. Die Sache ist für dich erledigt. Du bist frei!

KÜNDIGUNG

An die Zigarettenindustrie

Kündigung

Ich,_____,

kündige hiermit meine Stelle als Raucher

ab sofort und für immer.

Ort　　　　Datum　　　　　Unterschrift

Ich habe es ausgefüllt und unterschrieben. Gutes Gefühl!

Die Heilpraktikerin nahm meine Kündigung und warf sie in einen kleinen weißen Briefkasten mit der Überschrift: „Sammelstelle für Kündigungen an die Zigarettenindustrie", den sie dabei hatte.

Ich habe Angst, dass ich wieder anfange.

Heilender Punkt:

- Obwohl ich Angst habe, dass ich wieder anfange, liebe und achte ich mich so, wie ich bin.

Klopfen:

- Ich habe Angst, dass ich wieder anfange.

Mulde klopfen, Augen, summen, zählen, summen.

Fühlen!

Meine Gewohnheit zum Rauchen hat sich in mich eingefressen, man kann sie nicht einfach so abschütteln!

Heilender Punkt:

- Obwohl sich meine Gewohnheit zum Rauchen in mich eingefressen hat und man sie nicht abschütteln kann, liebe und achte ich mich, so wie ich bin.

Klopfen:

- Meine Gewohnheit zum Rauchen hat sich in mich eingefressen.

Mulde klopfen, Augen, summen, zählen, summen.

Fühlen!

Meine Mutter raucht. Ich wohne mit ihr zusammen. Ich bin wütend, dass ich nichts dagegen machen kann.

Heilender Punkt:

- Obwohl ich wütend bin, dass ich nichts dagegen machen kann, liebe und akzeptiere ich mich, so wie ich bin.

Klopfen:

- Ich bin wütend, dass ich nichts dagegen machen kann.

Mulde klopfen, Augen, summen, zählen, summen.

- „Willst du rauchen?"

Nein!

- „Nimm dir eine!"

Ich will nicht!

- „Öffne die Schachtel!"

Nein!!!

- „Stell dir vor, du öffnest dein Bier und trinkst es... Willst du eine rauchen?"

Nein.

- „Du stehst früh auf. Die Zigaretten liegen auf dem Tisch. Willst du eine rauchen?"

Nein, ich gehe ins Bad.

- „Du trinkst deinen Kaffee, liest deine Zeitung. Willst du eine rauchen?"

Nein.

- „Hast du irgendwann mal geraucht?"

Ja.

Heilender Punkt:

- Obwohl ich ein starker Raucher bin, liebe und achte ich mich, so wie ich bin.

Klopfen:

- **Ich bin ein starker Raucher.**

Mulde klopfen, Augen, summen, zählen, summen.

PROGRAMMIERE DICH NEU!

Entscheidungen sind Programme!

Sein oder nicht sein. Haben oder nicht haben. Tun oder nicht tun.

Wie du dich entscheidest, so gestaltest du dein Leben.

Programmiere dich neu!

Mach dein Leben so, wie du es haben willst!

Triff die Entscheidung, in allen Lebenslagen für immer rauchfrei zu sein und zu bleiben!

Und klopfe das Gute ein!

Die Heilpraktikerin fragte:

- „Wer hat sich damals entschieden, die Zigaretten zu kaufen?"

Na ich.

- „Hast du sie dann auch gekauft?"

Ja.

- „Wer hat sich entschieden, diese Zigaretten zu rauchen?"

Ich.

- „Hast du sie geraucht?"

Ja.

- „Wer hat sich entschieden, mit dem Rauchen aufzuhören?"

Auch ich.

- „Hast du aufgehört?"

…ja.

„Wer trifft die Entscheidungen in deinem Leben?

Ich!

- „Wenn du eine Entscheidung getroffen hast, was passiert dann?"

Hä?! Ich habe es schon kapiert, ich entscheide mich und handle danach.

Komm endlich zur Sache!

ENTSCHEIDUNG FÜR IMMER RAUCHFREI ZU SEIN UND ZU BLEIBEN.

- „Bist du bereit, eine Entscheidung zu treffen, für immer rauchfrei zu sein und zu bleiben?"

JA!

Die Heilpraktikerin sagte:

- „Jetzt klopfe das Gute ein!"

<u>An der Brust klopfen und fünfmal sagen:</u>

Ich entscheide mich, für immer rauchfrei zu sein und zu bleiben!

Klopfen:

- Ich entscheide mich, für immer rauchfrei zu sein und zu bleiben.

Mulde klopfen, Augen, summen, zählen, summen.

Die Heilpraktikerin ließ mich Wasser trinken und tief durchatmen.

Es ging weiter mit dem Testen los. Sie sagte:

- „Du bist in der Kneipe und du siehst deinen Vater. Willst du eine rauchen?"

Nein, aber ich will ihn schlagen.

- „Du fühlst schon wieder den emotionalen Zustand deines Vaters. Er provoziert dich mit seinem Verhalten, ihm eine zu verpassen.
  Aber du bist kein Henker mehr!
  Was er tut oder getan hat, geht dich nichts an.
  Du achtest sein Schicksal.
  Du bleibst ausgeglichen und cool!
  Und jetzt abklopfen!"

Heilender Punkt:

- Obwohl ich meinen Vater schlagen will, liebe und achte ich mich, so wie ich bin und entscheide mich, immer ausgeglichen und rauchfrei zu bleiben.

Klopfen:

- **Ich entscheide mich, auch bei dem Vater immer ausgeglichen und rauchfrei zu bleiben.**

Mulde klopfen, Augen, summen, zählen, summen.

Fühlen!

Ich bin trotzdem im Stress.

Heilender Punkt:

- Obwohl ich im Stress bin, liebe und achte ich mich, so wie ich bin und entscheide mich, für immer innere Frieden zu haben und rauchfrei zu bleiben.

Klopfen:

- **Ich entscheide mich auch, wenn ich Stress habe, für immer inneren Frieden zu haben und rauchfrei zu bleiben.**

Mulde klopfen, Augen, summen, zählen, summen.

Fühlen!

Mich graust es, wenn ich daran denke, dass ich Entzugserscheinungen haben werde!

Heilender Punkt:

- Obwohl es mich graust, wenn ich an die Entzugserscheinungen denke, liebe und achte ich mich, so wie ich bin und entscheide mich, die Entzugserscheinungen abzuklopfen und für immer rauchfrei zu bleiben.

Klopfen:

- **Ich entscheide mich, die Entzugserscheinungen abzuklopfen und für immer rauchfrei zu bleiben.**

Mulde klopfen, Augen, summen, zählen, summen.

Test:

- „Du arbeitest und brauchst eine Pause. Kannst du eine Pause machen?"

Wenn ich nicht rauche, weiß ich nicht, was ich in der Pause machen soll.

Heilender Punkt:

- Obwohl ich keine Pausen ohne Grund machen kann, entscheide ich mich, so viele Pausen zu nehmen, wie ich brauche, und für immer rauchfrei zu bleiben.

Klopfen:

- **Ich entscheide mich, meine Pausen für immer rauchfrei zu genießen.**

Mulde klopfen, Augen, summen, zählen, summen.

- „Du fährst eine lange Strecke allein im Auto, willst du rauchen?"

Nein, aber mir ist langweilig und ich bin unruhig!

Heilender Punkt:

- Obwohl mir langweilig ist und ich unruhig bin, wenn ich lange im Auto fahren muss, liebe und achte ich mich, wie ich bin und entscheide mich, für immer beim Fahren rauchfrei zu bleiben.

Klopfen:

- **Ich entscheide mich, für immer beim Fahren rauchfrei zu bleiben.**

Mulde klopfen, Augen, summen, zählen, summen.

- „Du hast Sex. Willst du danach eine rauchen?"

Sex? Schön wär's! Hm… Ich würde lieber was trinken.

Bier!!!

Heilender Punkt:

- Obwohl ich nach dem Sex etwas brauche, liebe und achte ich mich, so wie ich bin und entscheide ich mich, den Sex für immer rauchfrei zu genießen.

Klopfen:

- **Ich entscheide mich, den Sex für immer rauchfrei zu genießen.**

Mulde klopfen, Augen, summen, zählen, summen.

- „Du bist in deiner Clique und jemand bietet dir die Zigarette an, mit den Worten: „Sei kein Arschloch! Rauch mit mir eine." Was tust du?"

Ich fühle mich beschämt.

Heilender Punkt:

- Obwohl es mir schwer fällt NEIN zu sagen, liebe und achte ich mich, so wie ich bin und entscheide mich, für immer rauchfrei zu bleiben.

Klopfen:

- **Ich entscheide mich, wenn ich NEIN sage, mich gut zu fühlen und für immer rauchfrei zu bleiben.**

Mulde klopfen, Augen, summen, zählen, summen.

- „Du bist in der Kneipe. Dir gegenüber sitzt eine hammergeile Frau, genau dein Typ, und wirft dir heiße Blicke zu. Wie geht's dir?"

Ich würde schon zu ihr kommen und dumm daherreden, aber ich werde nervös, wenn es ernst wird.

Heilender Punkt:

- Obwohl ich nervös werde, wenn es ernst wird, liebe und achte ich mich, so wie ich bin und entscheide mich, für immer Cool und rauchfrei zu bleiben.

Klopfen:

- **Ich entscheide mich, wenn es ernst wird, für immer cool und rauchfrei zu bleiben.**

Mulde klopfen, Augen, summen, zählen, summen.

- „Deine Mutter raucht, du musst passiv rauchen. Was tust du?"

Ich habe Angst, meine Lunge zu versauen!

Heilender Punkt:

- Obwohl ich mit Rauchern zusammen bin, liebe und achte ich mich, so wie ich bin und entscheide mich, für immer rauchfrei und gesund zu bleiben.

Klopfen:

- **Ich entscheide mich, für immer rauchfrei und gesund zu bleiben.**

Mulde klopfen, Augen, summen, zählen, summen.

- „Willst du eine rauchen?"

Nein.

- „Hast du irgendwann mal geraucht?"

Nein.

- „Was liegt da auf dem Tisch?"

Müll.

Die Heilpraktikerin ist aufgestanden, nach unten gegangen und hat aus der Küche eine Tasse Kaffee und Bier mitgebracht. Sie gab mir den Kaffee. Ich hatte keine Lust, aber machte ihr zuliebe einen kleinen Schluck. Hm… Schmeckt irgendwie anders. Bitterer.

- „Willst du eine rauchen?"

Ich hab nicht mal verstanden, was sie sagt. Rauchen? Musste nachdenken, was das ist. Nein, will ich nicht!

Sie gab mir Bier. Ich machte einen Schluck. Kellerkalt, so wie ich es mag! Schmeckt auch anders. Intensiver.

- „Willst du eine rauchen?"

Ich will nicht rauchen. Nein.

- „Du bist im Stress, fix und fertig von der Arbeit nach Hause gekommen und da ist ein Wasserrohrbruch, Telefon klingelt, Mutter schreit, was machst du?"

Ich esse einen Schoko-Riegel.

Heilender Punkt:

- Obwohl ich im Stress essen muss, liebe und achte ich mich, so wie ich bin und entscheide mich,

mich gesund zu ernähren und für immer rauchfrei zu bleiben.

Klopfen:

- **Ich entscheide mich, mich gesund zu ernähren und für immer rauchfrei zu bleiben.**

Mulde klopfen, Augen, summen, zählen, summen.

Fühlen!

Kann ich jetzt zunehmen?

Heilender Punkt:

- Obwohl ich Angst habe, dass ich zunehme, liebe und achte ich mich, so wie ich bin und entscheide mich schlank und rauchfrei zu bleiben.

Klopfen:

- **Ich entscheide mich, schlank und rauchfrei zu bleiben.**

Mulde klopfen, Augen, summen, zählen, summen.

Fühlen!

Ich habe Angst, dass ich meine Gesundheit ruiniert habe und mir nicht viel zum Leben übrig geblieben ist.

Heilender Punkt:

- Obwohl ich Angst um mein Leben und meine Gesundheit habe, liebe und achte ich mich, so wie ich bin und entscheide mich, rauchfrei zu bleiben und lange und gesund zu leben.

Klopfen:

- **Ich entscheide mich, rauchfrei zu bleiben und lange und gesund zu leben.**

Mulde klopfen, Augen, summen, zählen, summen.

- „Wie geht es dir?"

Ganz normal.

- „Was ist mit dem Rauchen?"

Ich bin Nichtraucher.

Klopfe dich an der Brust und sag fünfmal:

- „Ich bin rauchfrei!"

Jetzt alle Punkte klopfen!

Mulde, Augen, summen, zählen, summen.

Wie geht es dir jetzt?

Sehr gut! Aber ich kann irgendwie nicht aufstehen.

Heilender Punkt:

- Obwohl ich nicht weiß, was mich erwartet, liebe und achte ich mich, so wie ich bin und entscheide mich, für immer kraftvoll, gesund und glücklich zu sein.

Klopfen:

- **Ich entscheide mich, kraftvoll, gesund und glücklich für immer zu sein.**

Mulde klopfen, Augen, summen, zählen, summen.

Fühlen!

Ich bin noch etwas unsicher.

Heilender Punkt:

- Obwohl ich noch unsicher bin, liebe und achte ich mich, so wie ich bin und entscheide mich, für immer mein Leben in Liebe und Vertrauen zu leben.

Klopfen:

- **Ich entscheide mich, für immer rauchfrei zu sein und mein Leben in Liebe und Vertrauen zu leben.**

Mulde klopfen, Augen, summen, zählen, summen.

Fühlen!

Ich habe Angst.

- Obwohl ich Angst habe, liebe und achte ich mich, so wie ich bin und entscheide mich, für immer rauchfrei und angstfrei zu sein.

Klopfen:

- **Ich entscheide mich, für immer rauchfrei und angstfrei zu sein.**

Mulde klopfen, Augen, summen, zählen, summen.

Fühlen!

Wie ist es so, frei zu sein? Ich habe meine Zweifel, dass es das Richtige für mich ist.

Heilender Punkt:

- Obwohl ich Zweifel habe, ob frei zu sein für mich das Richtige ist, liebe und achte ich mich, so wie ich bin und entscheide mich, für immer in Liebe und Freude mit allem eins zu sein.

Klopfen:

- **Ich entscheide mich, in Liebe und Freude mit allem eins zu sein.**

Mulde klopfen, Augen, summen, zählen, summen.

Die Heilpraktikerin fragte:

- „Wie geht es dir?"

Ich packe jetzt den Müll und bringe ihn raus!

Ich zog aus der Hosentasche einen roten Plastikbeutel für Hundekot, ein Hundebesitzer trägt sowas bei sich, und packte allen Dreck da rein, was auf meinem Tisch lag – halbvolle Zigarettenschachtel, kaputtes Feuerzeug von meinem Vater, billiges Feuerzeug aus dem Baumarkt und den mit Kippen überfüllten alten Aschenbecher. Mit alldem bin ich nach draußen gegangen und habe das ganze Zeug in die Mülltonne geworfen.
Als ich zurückkam, sagte die Heilpraktikerin, ich solle mich an der Brust klopfen und fünfmal sagen:

Ich liebe, glaube, vertraue, bin dankbar und mutig!

Und dann, stell dir vor (!).., sagt mir diese Tussi, ich solle jetzt zehn Liegestützen machen!!!
Hallo?! Wer bin ich? Schwarzenegger?

Zehn Liegestützen!!! Das schaffe ich nie im Leben!

Bleib cool, sage ich mir! Setze dein Pokerface auf!

Und da ist es mir eingefallen - ich schlage dich mit deinen eigenen Waffen, du Zicke!

Ich weiß jetzt selbst, wie es geht!

GEDANKLICH ABKLOPFEN

Ich habe mir GEDANKLICH! vorgestellt, wie ich den Heilenden Punkt streichle und sage:

- Obwohl ich diese scheiß 10 Liegestützen nie im Leben schaffe, liebe und achte ich mich, so wie ich bin.

GEDANKLICH! Klopfen:

- Ich schaffe es nicht!

GEDANKLICH! Mulde klopfen, Augen, summen, zählen, summen.

Fühlen!

Jetzt zeige ich's dir!!!

Meine Top 10 Liegestützen haben sie umgehauen!!!
Das habe ich gesehen.

Die Heilpraktikerin fragte: „Hast du jetzt gerade abgeklopft? Gedanklich?"

Klar! Meinst du, ich bin ein Dummbeutel oder was?!

Ich klopfe jetzt sofort jeden Scheiß ab, der mich nervt! GEDANKLICH!

Das ist geil!

Du kannst alles gedanklich abklopfen. Die Wirkung ist die Gleiche.

Wenn es dir nicht gut geht, finde, was dich nervt - Schmerz, Wut, Trauer, Angst – finde alles, was dein Leben erschwert, und klopfe es sofort ab! Warte nicht, bis es unerträglich wird, klopfe gleich ab! Egal wie, Hauptsache, klopfe das ab!

Sie war begeistert, dass ich selbst auf diese Idee gekommen bin.

Jetzt weiß sie auch, mit wem sie es zu tun hat!

Die Heilpraktikerin fragte: „Und? Was machst du als erstes?"

Was wohl? Die Zehennägel lackieren und mich mit meiner Molly zum Turnier für den 2.000 Meter Langlauf anmelden. Der Pokal gehört uns!

Und wir zwei, gnädige Frau Heilpraktikerin, gehen am Samstag in die Stadt einen dicken machen und Steak fressen!

Ich sage jetzt, wo es lang geht!

Sind die Schmerzen und Verluste, die Sie in Ihrem Herzen tragen, zu schwer, um sie alleine bewältigen zu können?

Wünschen Sie sich, dass wir Ihre Themen zusammen angehen?

Wollen Sie nach nur einer Behandlung rauchfrei sein?

Rufen Sie mich jetzt gleich an!

Tel.: 0911 / 203313

www.heilpraktikerinnuernberg.de

Wenn Sie dieses Buch gekauft haben und das Buch oder den Beleg dafür mitbringen, kriegen Sie 50€ Rabatt.

Zur Person:

Marina Levitskaja ist Heilpraktikerin, Diplom-Pädagogin, Autorin und Gründerin der Platztherapie und Familienaufstellungen mit Puppen und Gegenständen. Mitglied im Freien Verband Deutscher Heilpraktiker.

Auszeichnung mit dem Orden Who is Who in Europa 2014.

Geboren in Moskau, Studium - Deutsch, Pädagogik und Musik in Moskau. Ausbildung zur Heilpraktikerin bei der Deutschen Paracelsus Schule in Nürnberg. Zahlreiche Kurse bei der Grieshaber Akademie, Dr. Bodo Köhler, Bert Hellinger, Chuck Spezzano, CQM bei Gabriele Eckert.

Seit 1995 behandelt sie ihre Patienten in eigener Praxis in Nürnberg.

Werkzeuge: Psychotherapie, EFT, MET, CQM, Neurosprache. Homöopathie, Neuraltherapie, Bioresonanz, Frischzellen-Therapie, antitoxische und regenerierende Therapie nach Dr. Köhler mit ZMR und MRT-503 Geräten.

Schwerpunkte: **Rauch-Frei nach nur einer Behandlung,** Angstzustände, Mobbing, Burnout, Schlaflosigkeit, Schmerz-Syndrome, Kinderwunsch.

Regenerations-Kur **AIST** - **A**ntitoxische Therapie, **I**nformations-Therapie mit Frischzellen, **S**tress-Behandlung, **T**herapie der Wirbelsäule ist
die Energie-Tankstelle für Führungskräfte.

www.heilpraktikerinnuernberg.de

Tel.: 0911 / 203313

Literatur

Vadim Zeland: TransSurfing. Die Realität ist steuerbar. 2006

Marina Levitskaja: Platztherapie und individuelle Familienaufstellung mit Puppen und Gegenständen. Der Freie Arzt Nr.6, 2000

Marina Levitskaja: Kinderwunsch? Den Weg fürs Baby freimachen! 2014

Marina Levitskaja: Erste Hilfe bei Burn Out 2013

Marina Levitskaja: Männer sind heiß - Fakten zum Elektrolythaushalt 2013

Marina Levitskaja: Das Glück lebt im Magen! 2013

Rainer und Regina Franke: Ab sofort Nichtraucher 2007

Rainer Franke, Ingrid Schlieske: Klopfen Sie sich frei! 2006

Gabriele Eckert: Erfolg 2.0 Der Faktor (Un)Bewusstsein und CQM 2014

Bert Hellinger: Ordnungen der Liebe. Ein Kursbuch 2001

Gabriele ten Hövel und Bert Hellinger: Anerkennen was ist 2006

Chuck Spezzano: 50 Wege loszulassen und glücklich zu sein 2007

Chuck Spezzano: Wenn es verletzt, ist es keine Liebe. 2005

Robert Masters und Malte Heim: Neurosprache: Erleben, wie Sprache direkt auf den Körper wirkt. 2011

ANTON LEVITSKIJ - Lösungsberater unter dem Radar
für Sie ab € 250 000 im Quartal.
Wenn das Buch Ihnen geholfen hat mehrere Tausend Euro zu sparen, was glauben Sie, wie ich Ihre Firma noch aufwerten kann?

Macht Ihr Unternehmen € 10 Mio. Umsatz im Jahr?
Wollen Sie Ihre Ideen schnell und innovativ umsetzen?
Wollen Sie, dass die ganze Welt Sie und Ihr Unternehmen mit Bewunderung ansieht?
Rufen Sie mich jetzt gleich an! **Tel.: 0911 / 4801317**
Email: levitskij@xiller.com

Für Ihre Notitzen

Für Ihre Notitzen

Für Ihre Notitzen

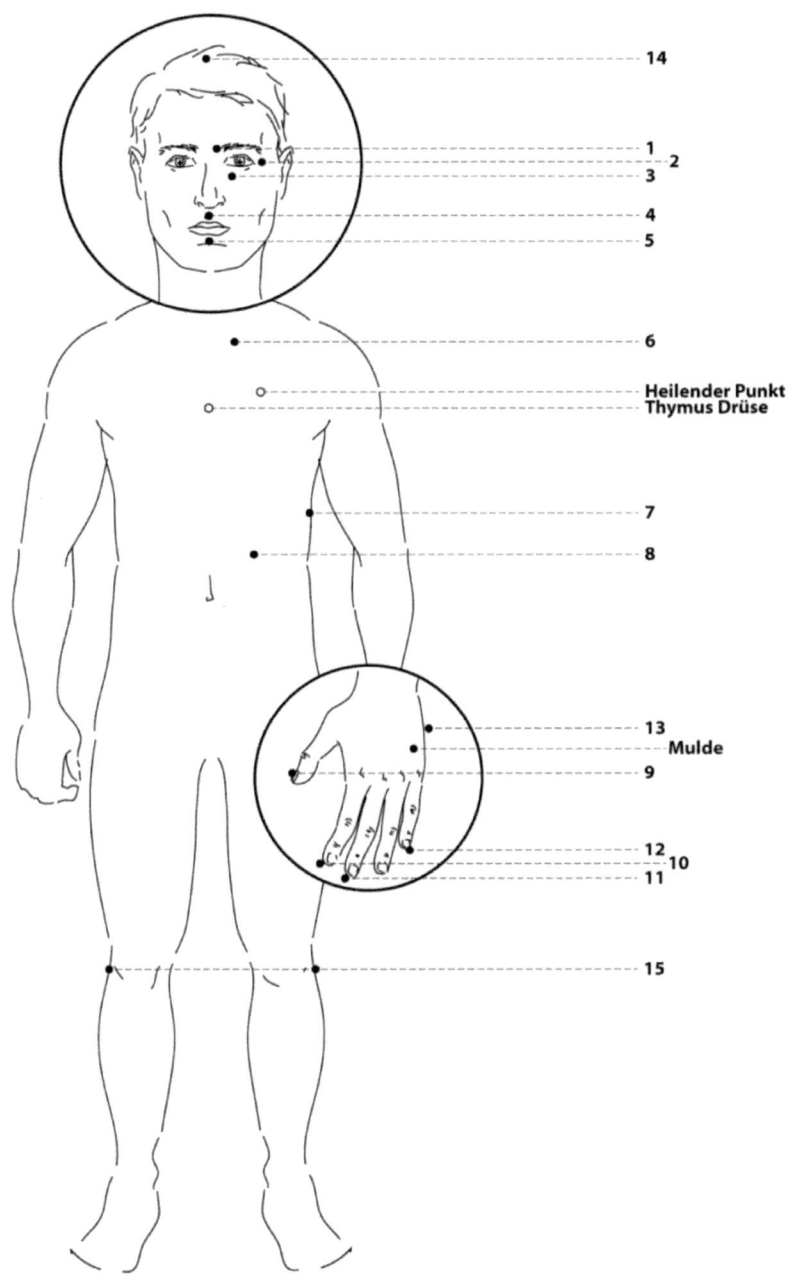

Für Ihre Notitzen